얼싸절싸
어깨춤이 절로 나는
우리 춤

한눈에 펼쳐 보는 전통문화 ⑪

얼싸절싸 어깨춤이 절로 나는 우리 춤

초판 1쇄 발행 2012년 6월 22일
초판 4쇄 발행 2023년 11월 25일

글 주영하 그림 김은미
발행인 양원석 발행처 (주)알에이치코리아 (등록 2004년 1월 15일 제2-3726호)
주소 08588 서울시 금천구 가산디지털2로 53, 20층(한라시그마밸리)
편집문의 02-6443-8921 도서문의 02-6443-8800 홈페이지 rhk.co.kr
블로그 blog.naver.com/randomhouse1 포스트 post.naver.com/junior_rhk
인스타그램 @junior_rhk 페이스북 facebook.com/rhk.co.kr

ISBN 978-89-255-4725-1 (74380)
ISBN 978-89-255-4384-0 (세트)

제조자명 (주)알에이치코리아 | 제조국명 대한민국 | 사용연령 8세 이상
※ 종이에 손이 베이거나 모서리에 다치지 않게 주의하세요.
※ 잘못 만들어진 책은 구입하신 곳에서 바꾸어 드립니다.

한눈에 펼쳐 보는 전통문화 ⑪

얼싸절싸
어깨춤이 절로 나는
우리 춤

글·주영하 그림·김은미

주니어 RHK

시리즈 소개
한눈에 펼쳐 보는 전통문화

조상 대대로 내려온 소중한 문화가 담겨 있습니다!

〈한눈에 펼쳐 보는 전통문화〉는 한국인으로서의 긍지와 뿌리를 심어 주는 시리즈입니다. 슬기로운 조상들의 소중한 삶의 지혜를 엿볼 수 있고, 아름답고 자랑스러운 우리 전통문화 유산을 두루두루 살필 수 있지요. 우리나라만의 특색을 갖춘 전통문화를 돌아보며 옛 조상들의 생활을 알아보세요.

재미있는 이야기와 풍부한 정보가 가득합니다!

조상들의 생활과 풍습에 관한 재미있는 이야기, 역사와 문화재에 대한 올바른 정보, 자랑스러운 국보와 과학 기술이 돋보이는 주거 생활, 다양한 도구들, 예로부터 전해져 내려오는 바른 먹을거리, 복식 문화 등 우리나라의 전통문화를 총망라하여 내용을 구성하였습니다.

쉽고 자세한 그림으로 어린이들의 이해를 돕습니다!

이야기에 나오는 재미 위주의 장면보다는 정보 부분에 해당하는 그림만 수록하여 보다 쉽고 자세하게 전통문화 관련 정보를 익힐 수 있도록 했습니다. 특히 주제별로 하나씩 큰 그림들을 모아 책 속 부록으로 재구성한 '한눈에 펼쳐 보는 전통문화' 코너는 그림만 살펴보더라도 전통문화를 쉽게 파악하여 지식을 쌓을 수 있습니다.

한 편의 재미있는 이야기 속에
권별 주제와 관련된 정보가
알차게 담겨 있어요.

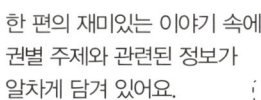

어린이들이 이해하기 쉬운 그림을 통해
전통문화를 설명하고 있어요.

이야기 속에 등장한 전통문화
관련 정보를 한눈에 파악할
수 있도록 구성하였어요.

〈교과연계표〉 얼싸절싸 어깨춤이 절로 나는 우리 춤

학년	교과목	단원
4학년	2학기 [사회]	3. 사회 변화와 문화의 다양성
5학년	2학기 [사회]	1. 옛사람들의 삶과 문화

 차례

1. 어깨가 들썩들썩, 함께 즐기는 춤사위 …… 10
    우리 춤 한마당 **남사당놀이** …… 20

2. 학처럼 우아하게 훨훨 날아 보자 …… 22
    우리 춤 한마당 **동물을 흉내 낸 동물 춤** …… 32

3. 아리따운 조선 최고 춤꾼들이 다 모였다! …… 34
    우리 춤 한마당 **다양한 기방 춤** …… 44

4. 입도 삐뚤 코도 삐뚤, 탈춤의 재미! …… 46
    우리 춤 한마당 **다양한 얼굴의 탈** …… 56

5. 정성 어린 춤에는 하늘도 감동하나니 …… 58
    우리 춤 한마당 **굿판과 무당춤** …… 68

6. 황금빛 들판에서 어깨춤을 덩실덩실 …… 70
    우리 춤 한마당 **농악무에 쓰인 악기들** …… 78

7. 위풍당당 궁중 문화의 꽃 …… 80
    우리 춤 한마당 **궁중 춤의 꽃, 당악 정재** …… 88

8. 흐르는 강물처럼, 자유로운 시처럼 …… 90
    우리 춤 한마당 **자유로운 향악 정재** …… 106

〈부록〉 한눈에 펼쳐 보는 전통문화 **우리 춤**

여는 글
얼싸절싸 어깨춤이 절로 나는 우리 춤

옛날 우리 조상들에게 춤은 떼래야 뗄 수 없는 친숙한 것이었어요. 집안 어른의 생신 잔치에도, 동네 사람이 결혼을 해도, 가을이 되어 추수를 해도, 심지어는 굴비 한 두름 사려고 장터를 가도 곳곳마다 덩더꿍 함께 추는 춤판이 벌어졌거든요. 신나고 흥겨운 장단에 맞춰 너울너울 손짓하는 것만으로도 기쁨과 행복을 나눌 수 있었답니다.

그뿐인가요? 춤의 전성시대였던 조선 시대에는 엄격한 규칙과 정확한 동작으로 추는 학무나 한량무, 남사당패 춤의 꽃인 무동춤, 탈을 쓰고 추는 탈춤, 절에서 기도할 때 추는 불교 춤, 눈이 부실 정도로 화려한 궁중 춤 등 정말로 다양한 춤들이 있었지요.

그런데 우리 전통 춤들에는 한 가지 공통점이 있어요. 춤 안에 제각각의 사연과 이야기가 담겨 있다는 거예요. 말로 설명할 수는 없어도 그 손

짓과 발짓에는 고되지만 다채로운 세상살이, 우리 조상들이 꿈꾸었던 이상, 하늘에 바라는 간절한 기도가 녹아 있어요. 많은 이들이 대사 한 줄 없는 춤을 보고도 재미난 이야기 한 편을 듣는 것처럼 즐거워하고 슬퍼할 수 있는 것도 그 때문일 거예요.

오늘 여러분이 만날 상화도 춤에 푹 빠져 춤꾼이 되려는 아이예요. 아버지는 대장장이가 되라 하지만, 상화는 춤이 추고 싶고 춤판만 보면 눈이 휘둥그레져 신나게 달려가지요. 그런 상화가 운 좋게도 조선 시대 최고 춤꾼인 운영 할아버지를 만났어요. 이제 상화의 앞에는 훌륭한 춤꾼이 되기 위해 넘어야 할 산들이 버티고 있지요.

자, 여러분도 즐거운 생각을 떠올리며 두 팔을 펴고 우리 조상들처럼 덩실덩실 춤을 추어 보세요. 그 순간, 여러분 안에 숨겨져 있던 진짜 춤꾼이 깨어날지도 모르니까요.

남사당놀이
어깨가 들썩들썩, 함께 즐기는 춤사위

'**뚱땅뚱땅.**' 오늘도 상화네 대장간은 쇠 두드리는 소리로 가득해요. 마을에서 대대로 대장간을 해 온 상화네는 돌아가신 할아버지도, 지금 아버지도 솜씨 좋은 대장장이로 소문이 났지요.

상화네 아버지는 요즘 더 바빠졌어요. 농사일이 한창인 데다 추수도 얼마 남지 않았거든요. 또 마을 사람들은 새 호미나 낫이 필요할 때도, 쓰던 농기구나 부엌칼이 무디어졌을 때도 상화네 아버지를 찾아왔어요.

"상화야, 저쪽 창고에 가서 묵은 낫과 호미 좀 가져오너라."

상화도 작년부터는 뜨거운 쇠를 찬물에 식히는 담금질, 쇠를 녹이

전국 각지를 떠도는 남사당패

남자들로만 구성된 남사당패는 바람처럼 전국을 떠돌며 춤과 노래, 줄타기 등 다양한 기예를 보여 주는 유랑 연예인 집단이에요. 마을을 찾아가 공연을 보여 주고 관객들에게 음식이나 돈을 얻어 생활했지요.

    는 화로의 불이 더 거세지도록 바람을 불어 넣는 풀무질을 시작했어요. 걱실걱실 일을 잘해서 다들 상화도 아버지처럼 훌륭한 대장장이가 될 거라고 말했지요.

    그런데 오늘은 상화가 조금 이상해요. 정신 빠진 사람처럼 아버지가 몇 번이나 불러도 감감무소식이에요. 아침나절에 찾아온 종희가 상화의 귓가에 이렇게 속삭이고 갔거든요.

"남사당패 오는 거 알지? 이따 오후에 들어온대."

상화는 발을 동동 구르며 점점 기울어 가는 해를 원망했어요.

'휴, 지금쯤 올 때가 됐는데…….'

"요 녀석! 냉큼 가져오래도?"

결국 아버지가 화를 냈어요. 그제야 정신을 차린 상화는 후다닥 창고로 달려갔어요. 두리번두리번 둘러보다 호미와 낫을 그러모아 품에

남사당패가 곰뱅이텄다!

자유로이 흘러 다니는 남사당패도 아무 마을에서나 공연을 할 수 있었던 건 아니에요. 공연을 하려면 마을에서 가장 잘 보이는 언덕에서 온갖 재주를 자랑한 다음에 '곰뱅이쇠'라고 불리는 둘째 우두머리가 마을로 들어가 마을 어른이나 가장 높은 양반에게 허락을 받아야 했어요. 이렇게 허락을 받았을 때 "곰뱅이텄다."라고 했어요.

막 안는 순간이었어요.

어디선가 희미한 꽹과리 소리, 북소리가 들리더니 점점 선명해지는 게 아니겠어요? 며칠 전 이 마을에 곰뱅이튼 남사당패가 드디어 오늘 저잣거리에 들어선 거예요.

상화의 귀가 쫑긋해지고 눈이 번쩍 떠졌어요. 얼른 아버지에게 달려갔지요.

"아부지, 아부지! 저 잠깐만 나갔다 올게요!"

상화는 아버지의 허락이 떨어지기도 전에 짚신 한쪽이 벗겨져라 허둥지둥 뛰쳐나갔어요. 그런 상화를 바라보는 아버지의 얼굴에 걱정이 가득했어요.

"어쩌면 좋을꼬……. 저렇게 춤이 좋아 춤판을 쫓아다니니."

아버지의 마음을 아는지 모르는지, 풍악 소리를 향해 달려가는 상화의 얼굴은 그저 싱글벙글했어요. 조금이라도 빨리 보고 싶어서 발에 불이 날 정도로 달렸지요. 그런데 길가 가게마다 어른들이 불쑥 튀어나와 "아버지는 잘 계시냐?", "맡겨 놓은 호미랑 낫은 언제 찾으러 갈꼬?" 하며 물어 오는 통에 자꾸 걸음이 느려졌어요.

상화가 간신히 골목을 돌아 남사당패 공연이 벌어진 장터에 들어섰을 때는 벌써 두 번째 놀이가 끝나 가는 참이었어요.

"상화야, 이쪽이야!"

저만치에 있던 종희가 먼저 상화를 발견했어요. 상화가 달려오자 종희는 코에 '쿵!' 하고 힘을 주고는 상화의 이마에 꿀밤을 먹였어요.

"왜 이리 늦게 왔어? 버나 놀이가 끝나 가잖아."

평소 같으면 '아얏!' 하며 같이 꿀밤을 먹였을 상화지만, 오늘은 숨이 넘어갈 것처럼 물었어요.

"무동춤은? 무동들은 나왔어?"

그 말에 종희는 짓궂은 얼굴로 물었어요.

"아직 안 나왔어. 근데 무동춤은 왜? 너는 그 춤만 좋아하더라?"

상화는 입을 꾹 다물었어요. 무동춤이 좋다고 솔직하게 말해 버리면 종희가 동네방네 얘기하고 다닐 테니까요. 상화는 조금 시무룩해져서는, 언젠가 무동이 되고 싶다고 말했다가 어머니에게 혼쭐이 났던 기억을 떠올렸어요.

"이놈아, 남사당패한테 끌려가서 김치 한 보시기에 찬밥이나 먹으며 재주 부리고 살 테냐?"

어머니 말씀으로는 남사당패가 마을을 돌며 연희를 벌이다가 무동이 될 어린아이들을 납치하기도 한대요. 그 말을 들으니 무서워서 오소소 소름이 돋았지만, 그래도 상화는 남사당놀이가 좋기만 한걸요.

버나 놀이가 끝나고 땅재주라고도 부르는 살판이 펼쳐졌어요. 그다음엔 아슬아슬한 줄타기가 시작됐지요. 부채를 든 어름사니가 나서서 줄을 타기 시작했어요. 어름사니는 줄 타는 광대를 부르는 말이에요.

어름사니가 북소리, 꽹과리 소리에 맞춰 줄 위에서 공처럼 퉁! 하고 튀어 올랐다 떨어지는 모습은 마치 커다란 새처럼 멋졌어요. 마음 약한 사람들은 눈을 가리고 비명을 지르기도 했지만요.

싱글벙글 신이 난 어른들을 보며 상화는 또 궁금해졌어요. 다들 남사당놀이를 좋아하면서 왜 상화한테는 춤을 추지 말라고 하는 걸까요? 게다가 놀이가 바뀔 때마다 풍악이 울려 퍼지면 모두가 흥겹게

여자 옷을 입고 춤을 추는 남사당패의 무동

남사당패에는 어른들만 있는 게 아니에요. 어린 아이도 어른과 함께 떠돌며 재주를 익히고 공연을 했어요. 하지만 남사당패에는 남자만 들어갈 수 있었기 때문에 무동들도 모두 남자아이였어요.

이 무동들이 노랑 저고리에 붉은 치마를 입고 댕기를 드려서 여자처럼 꾸민 다음 어른들의 어깨에 타고 춤을 추는 걸 '무동춤'이라고 해요.

두 손을 흔들며 춤을 췄어요. 박자도 몸 흔드는 모양새도 제각각이지만 소매들이 부드러운 바람을 탄 것처럼 보기 좋았지요.

신이 난 종희도 상화의 손을 잡고 덩실덩실 춤을 췄어요. 종희 얼굴에는 웃음꽃이 한가득 피었어요. 그걸 보는 상화도 절로 웃음이 났어요.

그때, 징이 크게 울리고 반가운 소식이 들렸어요. 누군가 "삼 무동이 들어온다!" 하고 소리친 거예요.

상화는 까치발을 하고 목을 쭉 뺐어요. 아니나 다를까 어른 위에 무동 한 사람을 올리고, 그 위로 또 하나의 무동을 올린 삼무동이 들어오고 있지 않겠어요?

"종희야! 오늘은 삼 무동이다!"

종희도 신이 나서 박수를 쳤어요. 무동 하나가 어깨 위에 올라가면 독무동, 두 무동이 어른의 어깨 위에 올라가면 삼 무동인데, 아주 큰 판에서는 무동 넷을 태우는 오 무동도 있다고 해요.

가까이서 보니 무동들은 상화랑 같은 또래였어요. 빨강 치마에 노랑 저고리를 입고 살랑살랑 손짓을 했어요. 상화는 춤추는 무동들이 부럽기만 했어요. 몇 년 전에 처음으로 무동들을 본 뒤로, 상화도 바람처럼 떠돌며 춤을 추는 무동이 되고 싶었거든요.

어른들 어깨 위에서 놀던 무동들이 이번에는 땅으로 내려와 쾌자 자락을 흔들며 춤을 추기 시작했어요. 구경꾼들도 저마다 "잘 춘다!", "예쁘다!" 소리치며 무동들을 칭찬했어요.

상화는 '나도 춤을 배우기만 하면 잘 출 수 있을 텐데…….'라고 생각했어요. 그러다가 정신을 차려 보니 자기도 모르게 무동들 옆에서 춤을 추고 있지 않겠어요. 발걸음이 어찌나 가벼운지 나비 같고, 발그레한 얼굴은 방싯방싯한 게 무동들보다도 춤사위가 더 예뻤어요.

상화를 구경하던 사람들도 손뼉을 치며 웃었지요.

"대장간집 꼬마구나. 어린아이가 뭔 흥이 저리 넘치누."

"허허, 춤을 저리 잘 추니 대장장이 되긴 틀렸구먼."

그때였어요. 사람들 틈에서 상화를 유심히 지켜보던 누군가가 상화의 곁으로 다가와서 느닷없이 말했어요.

"잘 추는구나. 하지만 팔을 더 활짝 벌려 보렴. 이렇게 말이다."

상화가 고개를 들어 보니 차림새는 초라하지만 길고 아름다운 흰 수염을 가진 할아버지였어요. 할아버지가 낡은 장삼을 탁! 치며 팔을 벌려 춤사위를 보여 주는데 그 손짓이 왠지 남달랐어요. 상화도 눈을 반짝이며 할아버지의 몸짓을 따라 해 보았지요.

"그렇지. 그렇게 하는 거다."

잠시 상화를 곰곰이 뜯어보던 할아버지가 다시 물었어요.

"그래, 너는 어디 사는 누구의 자제인고?"

상화가 막 대답하려 할 때였어요. 저만치 헐레벌떡 누군가 뛰어오더니 상화의 손을 가로챘어요.

"요놈! 여기 있을 줄 알았다!"

늦도록 안 돌아오는 상화가 걱정돼 달려 나온 상화의 어머니였어요. 어머니가 무서운 얼굴로 손을 끄니 상화도 꼼짝없이 끌려갈 수밖에요. 상화 어머니는 초라한 차림새의 할아버지를 흘긋 보며 상화에게 속삭였어요.

"이런 곳에서 어슬렁대다가는 넝마주이한테 잡혀간다."

그 말에도 할아버지는 화를 내기는커녕 미소만 지었어요. 상화는 어머니 손에 끌려가면서도 뒤를 돌아보았지요. 할아버지는 여전히 미소 띤 얼굴로 뒷짐을 지고 상화를 보고 있었어요. 상화도 용기를 내서 할아버지를 향해 싱긋 미소를 지었어요.

우리 춤 한마당
남사당놀이

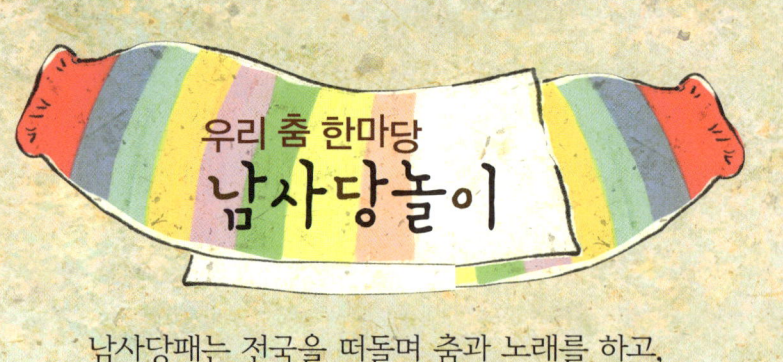

남사당패는 전국을 떠돌며 춤과 노래를 하고, 재주를 부리는 유랑 연예인 집단이에요. 남사당패의 신명 나는 놀이에는 어떤 것이 있을까요?

버나
긴 꼬챙이 위에 사발을 올려놓고 빙글빙글 돌리면서 다양한 춤을 보여 주는 재주예요. 움직일 때도 사발이 떨어지지 않도록 균형을 맞추는 게 중요하지요.

풍물
일종의 농악 놀이로 공연의 시작을 알리고, 구경꾼들을 모으기 위한 놀이예요.

살판
'땅재주'라고도 불렸어요. 신나는 풍물에 맞춰 물구나무도 서고, 앞곤두·뒷곤두·번개곤두 같은 재주를 보여 주었지요. 이 재주는 보통 사람은 절대로 할 수 없는 어려운 것들이라서 잘하면 살판이고, 못하면 죽을 판이라는 뜻에서 '살판'이라는 이름이 붙었어요.

어름

줄타기 놀이로, '어름'은 줄을 뜻해요. 어름사니라고 불리는 곡예사가 줄 위에 올라가 풍물 장단에 맞춰 춤을 추고, 다양한 걸음걸이로 아슬아슬하게 줄 위를 걸어요. 이때 그냥 재주만 보여 주는 것이 아니라 땅에 있는 어릿광대와 재미난 이야기를 주고받으면서 보는 사람들을 즐겁게 해 주었지요.

덧뵈기

가면을 쓰고 하는 연극으로, 일종의 탈놀이예요. 춤도 추고 연기도 하면서 백성들의 슬픔을 어루만져 주고, 나쁜 양반들을 풍자하기도 했어요.

덜미

꼭두각시로 하는 인형극이에요. 작은 인형의 목덜미를 잡고 공연을 한다고 해서 '덜미'라는 이름이 붙었어요. 지금까지 전해 내려오는 우리나라의 유일한 전통 인형극으로, 주로 놀이의 마지막 순서에 공연했어요.

학춤

학처럼 우아하게
훨훨 날아 보자

　　　　　　상화는 남사당패가 떠난 뒤로 한동안 시무룩했어요. 상화네 동네는 작은 마을이라 남사당패가 들어오지 않으면 멋진 춤판을 보기 어렵거든요. 아버지는 풀이 죽은 상화가 안쓰러웠지만 이렇게 말할 수밖에 없었어요.

"상화야, 우리는 대대로 대장장이 일을 했단다. 너도 자라서 훌륭한 대장장이가 되어야지. 게다가 대장장이에 비하면 춤꾼은 대접받지 못하는 형편 아니냐."

하지만 상화는 이해할 수 없었어요. 어째서 정말 하고 싶은 일은 놔두고 부모님 직업을 이어받아야 하는 건지……. 상화는 대장간 창고에 쪼그리고 앉아 훌쩍훌쩍 울었어요.

'아버지, 전 정말로 춤이 추고 싶어요. 춤꾼이 되고 싶어요.'

하지만 상화는 알고 있었어요. 아버지 말을 이해할 수는 없지만, 상화가 춤꾼이 되면 아버지는 실망하실 거라는 사실을요.

며칠이 지나자 상화는 서운했던 마음을 훌훌 털고 다시 아버지 일을 돕기 시작했어요. 내년에도 남사당패가 오면 멋진 춤을 보리라 다짐하면서요.

그런데 오늘, 상화는 또다시 어딘가로 헐레벌떡 달려가고 있어요. 종희가 놀라운 사실을 말해 줬거든요.

신분 질서가 엄격한 조선 시대의 예술가들

조선 시대에는 양반, 중인, 상민, 천민으로 신분이 나뉘었어요. 가장 낮은 신분으로 차별과 업신여김을 당했던 천민 중에는 마을을 떠돌며 재주를 부리는 광대와 기방에서 춤을 추고 노래를 부르는 기생 등도 포함되어 있었어요.

우리 민족이 좋아하는 동물 춤

우리 민족은 농사를 짓기 전엔 동물을 사냥하는 수렵 생활로 삶을 이어 갔고, 농사를 시작하고 나서는 농작물을 보호하기 위해 동물들의 움직임을 세심히 관찰했어요.
이런 오랜 역사를 거치면서 우리 민족은 자연스레 동물들의 움직임을 따라 하며 다양한 동물 춤을 만들게 되었어요.

"그 할배, 기억나? 남사당패에서 만났던 흰 수염 할배."

"응, 그 할배가 왜?"

종희는 양팔을 쭉 펴고 외다리로 서서 학 흉내를 내며 말했어요.

"그 할배가 매일 마을 공터에서 멋진 학춤을 춘대."

상화는 놀라서 종희가 나누어 준 인절미를 한 번에 꿀떡 삼켰어요.

"정말이야? 오늘도?"

종희는 코를 찡긋했어요.

"응, 오늘이 마지막이래. 지금쯤 시작했을걸?"

순간, 상화는 쏜 화살처럼 일어나 뒤도 안 돌아보고 달렸어요. 종희는 김이 샜다는 듯 포옥 한숨을 쉬었지요.

"역시 나보다 춤이 더 좋은 건가? 괜히 가르쳐 줬네."

하지만 종희는 상화의 마음을 알고 있었어요. 상화가 얼마나 춤을 사랑하는지, 제대로 배우지는 못했지만 얼마나 멋진 춤꾼인지도요.

종희는 좋아하는 일에 열심인 상화가 부럽기도 했어요. 종희도 곧 열다섯 살이 되면 어머니처럼 바느질을 하고 밭을 일궈야 하는데, 그간 진짜로 뭘 하고 싶은지 한 번도 생각해 본 적이 없거든요.

"흥, 나도 오리춤, 닭춤이라면 얼마든지 출 줄 안다!"

종희는 오리처럼 궁둥이를 흔들고, 닭처럼 고개를 빼고 꼬꼬댁 소리를 내 보았지요. 그렇게 서운함을 툭툭 털고 나니 기분이 좋아졌어요. 종희는 남은 인절미를 소맷자락 속에 넣고 재빨리 상화의 뒤를 쫓기 시작했어요.

종희보다 먼저 공터에 도착한 상화는 깜짝 놀랐어요. 농사일에 부지런한 김 첨지뿐 아니라 소문난 구두쇠인 면포전 박 씨까지 모여 있는 게 아니겠어요. 물 길러 가던 아낙들도, 장을 보러 나온 처자들도 소쿠리와 물동이를 팽개친 채 춤을 구경하고 있었어요.

게다가 이렇다 할 풍악도 없이 뚱땅뚱땅 장구 소리 하나뿐인데도 사람들은 신이 났어요. 어떤 사람들은 "얼쑤, 좋다!"라고 추임새를 넣으며 어깨와 손을 흔들흔들거렸지요. 춤추는 할아버지 손에서 긴 옷자락이 펄럭 솟구치면 모두 입을 벌리고 감탄했어요.

신기했어요. 상화의 눈에 할아버지의 춤은 춤이라기보다 조용한 움직임 같았어요. 가벼운 장구 소리에 맞춰 천천히 걷다가 힘차게 장삼 자락을 쳐올리는 모습이 남사당패 춤과는 또 달랐어요. 낡아서 군데군데 기운 장삼도 할아버지 손끝에서는 고운 비단처럼 너울댔지요.

게다가 찌그러진 갓을 흔드는 고갯짓은 영락없이 학이고, 버선 신은 미투리 발은 학의 발처럼 사뿐사뿐 땅을 디뎠어요. 그 움직임이 너무 아름다워서 땅도 감히 먼지를 날리지 않는 것처럼 느껴졌지요.

춤에 푹 빠진 구경꾼들도 꿈길을 걷는 표정이었어요. 상화도 손뼉으로 장단을 맞추느라 종희가 온 것도 몰랐지요. 종희도 엉덩이를 비집고 들어와 상화 곁에 앉더니 제법 의젓하게 할아버지 춤을 구경했어요.

어느새 상화 아버지도 상화를 찾아 이곳까지 왔어요. 상화 아버지는 처음에는 "이 녀석!" 하고 상화를 혼내 줄 생각이었어요. 하지만 막상 상화를 보니 미안하고 마음이 아팠어요. 저렇게 춤을 좋아하는데 자꾸 대장장이가 되라고 하는 자신이 나쁜 아버지 같아서요. 게다가 사람들이 어찌나 즐겁게 춤을 보는지 절로 할아버지의 춤사위에 눈길이 갔지요.

　그런데 웬일일까요. 학이 고개를 숙이는 듯한 할아버지의 동작이 낯설지 않았어요. 흰 수염을 휘날리며 훨훨 나는 듯한 춤사위에서 누군가의 모습이 떠올랐지요. 상화 아버지는 무릎을 쳤어요.

　'저건 아버지가 즐겨 추시던 동래 학춤이 아닌가!'

학의 움직임을 꼭 닮은 학춤

학춤은 조선 시대에 유일하게 새의 움직임을 모방해서 만든 춤이에요. 학의 고갯짓과 날갯짓을 흉내 낸 동작이 많아서 우아하고 부드러운 느낌이지요.
학춤의 종류에는 백성들이 추는 동래 학춤, 궁중에서 추는 궁중 학무, 절에서 승려들이 추는 사찰 학춤 등이 있었어요.

우리 춤을 더 아름답게 만들어 주는 우리 옷

우리나라뿐만 아니라 세계의 거의 모든 나라에는 그 나라만의 전통 춤이 있어요. 이런 전통 춤을 제대로 추려면 그 민족 고유의 의상이 필요해요. 우리의 전통 춤도 우리 전통 옷을 입고 출 때 더 아름다워 보이지요.

탈
다양한 표정을 흉내 내서 만든 가면으로 양반탈, 각시탈, 무당탈 등 다양한 탈이 있어요. 탈은 탈춤에서 춤꾼들의 역할을 드러내 주는 기능을 해요.

고깔
불교적 의미를 지닌 장식 모자예요. 특별히 승무, 나비춤 등에 쓰여요.

장삼
길이가 길고 품과 소매가 넓은 겉옷으로, 승려들이나 여인들이 예복으로 입었어요. 장삼을 춤출 때 입는 무복으로 많이 활용했는데, 손으로 부드럽게 원을 그리는 동작이 많은 우리 춤에는 장삼의 길고 둥근 소매가 잘 어울려요.

한삼
부드러운 팔 동작을 돋보이게 하기 위해 특별히 손목에 끼는 긴 천이에요. 하늘이나 허공에 뿌리는 동작 등을 훨씬 크고 아름답게 보이게 해 주지요.

미투리
날씬하고 코가 뾰족한 미투리는 가벼운 발짓에 곡선의 아름다움을 더해 주지요.

그랬어요. 할아버지의 춤은 상화 아버지의 아버지, 그러니까 상화의 할아버지가 너무 사랑했던 동래 학춤이었어요.

상화 아버지는 옛일을 떠올렸어요. 마을의 유명한 대장장이였던 상화의 할아버지도 손자인 상화만큼이나 춤을 좋아했지만 결국은 대장장이가 되어야 했어요.

'피는 못 속이는 법이라더니…….'

상화 아버지는 아련한 풍경 하나를 기억해 냈어요. 석양이 지는 집 마당에서 장삼을 너울대며 몰래몰래 춤을 추던 아버지의 모습을요.

상화 아버지는 상화를 혼내려던 마음을 고쳐먹었어요. 저토록 간절한데 춤 구경이라도 마음껏 하게 해 주자는 생각이 들었어요. 그래서 조용히 발걸음을 돌렸답니다.

춤에 푹 빠진 상화는 아버지가 다녀간 것도, 해가 뉘엿뉘엿 기우는 것도 몰랐어요. 춤이 끝나자 사람들이 우르르 할아버지 곁에 몰려들었어요.

"어르신, 며칠 더 묵다가 가시지요."

김 첨지가 말했어요.

"그 멋진 춤을 며칠 더 춰 주시면 안 되겠소?"

면포전 박 씨 아저씨도 애원했어요. 하지만 할아버지는 고개를 저었어요.

"마음은 고마우나 이 늙은이가 갈 길이 멀구려."

하지만 할아버지는 떠나지 않고 주변을 두리번거렸어요. 누군가를 찾고 있는 것 같았지요. 그때 저만치 서 있는 상화를 발견했어요. 할아버지는 상화에게 손짓했어요.

"꼬마야, 이리 와 보겠니? 네게 꼭 할 말이 있단다."

상화는 아까 춤을 추는 할아버지와 몇 번이나 눈이 마주쳤어요. 왜 할아버지가 자꾸 눈길을 주는지 몰랐지만 기분은 좋았지요. 상화는 수줍게 할아버지에게 다가갔어요. 할아버지는 뒷짐을 지고 상화의 얼굴을 가만히 들여다보았지요.

"네가 대장간집 꼬마 상화로구나."

상화는 할아버지가 이름을 부르자 놀랐어요. 그런데 더 놀라운 일은 그다음에 벌어졌어요.

"어떠니, 꼬마야. 춤을 배워 보고 싶지 않니? 오늘 밤이 지나면 나는 또다시 전국 방방곡곡의 춤을 보러 긴 여행을 떠난단다. 네가 그 여행을 같이하면 좋겠구나."

상화는 주춤 뒤로 물러섰어요. 떠돌이 유랑단들이 아이를 납치한다는 이야기가 떠올랐거든요. 상화의 마음을 읽었는지 할아버지가 잠시 고민하더니 말했어요.

"나는 궁중에서 임금님을 위해 춤을 추던 '운영'이라는 사람이니라. 전국을 돌며 훌륭한 춤꾼이 될 만한 아이를 찾고 있지."

그 말에 주변이 웅성대기 시작했어요. 이윽고 누군가 손뼉을 치며 크게 외쳤지요.

"아, 저분이 운영 어르신이로구나!"

"저토록 아름다운 학춤을 출 수 있는 사람은 운영뿐이라더니!"

상화는 정신이 아득해졌어요. 집을 떠나다니, 그것도 춤을 배우러 떠나는 것을 아버지와 어머니가 허락하실까요?

하지만 아까 봤던 학춤을 떠올리자 이상하게도 모든 두려움이 사라지는 기분이었어요. 그 춤을 보는 동안 상화는 몇 번이고 자신도 저렇게 춤추고 싶다고 생각했거든요. 상화는 홀린 듯이 할아버지의 손을 잡았어요.

"하지만……. 가기 전에 아버지께 여쭤봐야 해요."

상화는 조금 무섭기도 했어요. 춤을 배우러 집을 떠나겠다고 하면 아버지에게 종아리를 맞을지도 모르니까요. 할아버지는 미소를 지으며 고개를 끄덕여 주었어요.

"그러자, 내가 너와 같이 가마."

이상했어요. 할아버지의 손은 따뜻하고 다정했어요. 상화는 마치 할아버지와 오랫동안 알고 지낸 기분이었어요. 어느덧 해가 기울고 구경꾼들도 거의 사라졌어요.

두 사람은 손을 잡고 해가 저물어 뉘엿뉘엿한 길 쪽으로 걸음을 옮겼어요.

우리 춤 한마당
동물을 흉내 낸 동물 춤

동물 춤은 동물의 특정한 모습이나 행동을 모방하여 추는 춤이에요.
이 춤은 고대 원시인들의 동물 숭배 사상에서 시작되었다고 해요.

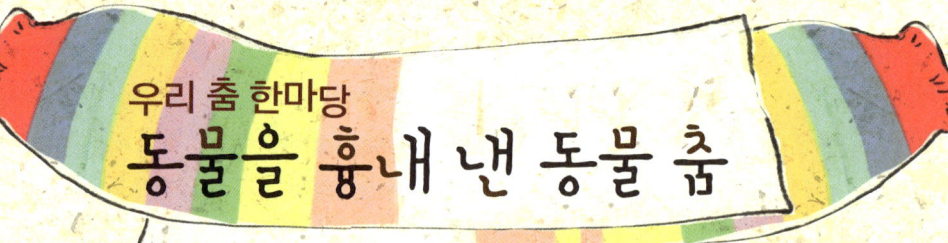

곰춤
전라남도 진도 지방에서 췄던 춤으로, 농악대를 따라다니며 곰 흉내를 내는 춤이에요.

두꺼비춤
전라도에 개구리춤이 있다면 경상도에는 두꺼비춤이 있어요. 이 춤을 출 때는 머리에 수건을 동여매고 저고리 앞뒤를 바꾸어 입었대요.

오리춤
서울과 경기도 지방에서 췄던 춤이에요. 놀이꾼이나 기방의 예인, 각설이패 등이 뒤뚱거리는 오리의 움직이는 모습을 본떠 췄던 춤이라고 해요.

개구리춤
전라도 영광 지역에서 췄던 춤이에요. 개구리처럼 뛰기도 하고, 배를 드러내기도 하는데, 이 동작들은 비가 잘 내리고 풍년이 되도록 해 달라는 의미가 있어요.

소춤
양주 지방의 소놀이굿에서 췄던 춤으로, 소의 모습을 유쾌하고 재미있게 흉내 낸 춤이에요.

거북춤
경기도와 충청도 지방에서 한가위에 췄던 춤이에요. 수숫대로 만든 거북 모양 틀 안에 두 사람이 들어가 거북처럼 느릿느릿 걸으며 추는 춤이에요. 거북춤을 출 때는 무병장수를 축원하는 〈거북이 노래〉를 함께 불러요.

기방 춤
아리따운 조선 최고 춤꾼들이 다 모였다!

　　　　　상화는 아버지가 여행을 승낙해 주었다는 게 아직도 믿기지 않았어요. 상화가 떠나기 전날, 아버지는 휘영청 달이 뜬 마당에서 이렇게 말했어요.

"하나만 약속해 주겠니, 상화야. 여행에서 돌아오면 꼭 훌륭한 대장장이가 되겠다고 말이다."

상화는 두 주먹을 꼭 쥐고 대답했어요.

"아버지, 약속할게요. 꼭 훌륭한 대장장이가 될게요."

평소라면 "요 사고뭉치!" 하고 꾸중했을 어머니도 눈물을 글썽거리며 상화를 안아 주었어요.

다음 날, 운영 할아버지와 상화는 드디어 길을 떠났어요. 마을 사람들 모두 두 사람이 사라질 때까지 오래오래 손을 흔들어 주었지요. 그런데 소식을 듣고 마중 나온 종희가 상화의 귓가에 이렇게 속삭이는 게 아니겠어요?

"너, 훌륭한 춤꾼이 못 되면 돌아올 생각 말아라. 대장장이가 되지 않겠다고 약속해."

종희의 얼굴은 단호해 보였어요. 늘 "내가 너보다 한 살 많으니 누나라고 불러!" 하고 우기더니, 순간 종희는 정말 철이 든 누나 같았어요.

"자, 다 왔구나. 오래 걸었으니 여기서 쉬었다 가자."

아버지, 어머니와 종희 생각에 눈물이 날 것 같았던 상화는 할아버지의 목소리에 정신을 차렸어요. 고개를 들어 보니 화려하고 커다란 대문 안에서 시끌벅적한 소리가 들려왔어요. 게다가 문 앞에는 위풍당당한 포졸 두 사람이 서 있었고요. 상화는 화들짝 놀랐어요.

"할아버지, 여긴 관아잖아요?"

관아는 나쁜 짓을 저지른 사람들이 오는 곳이 아니던가요? 하지만 할아버지는 허허 웃으며 상화를 안심시켰어요.

"겁먹지 말거라. 오늘 이곳에 들러 달라는 이 고을 사또의 초대를 받고 온 것이니."

할아버지는 포졸들에게 다가가 말했어요.

"사또를 뵈러 온 운영이라고 전하시오."

도구를 들고 추는 우리 춤

우리 춤에는 춤사위를 더 아름답게 보이기 위해서 다양한 도구가 사용됐어요. 도구를 들고 추는 춤은 그 도구를 중심으로 펼쳐지는데, 소고와 장구, 북 같은 악기를 연주하면서 추는 춤이 있는가 하면, 검 같은 특별한 소품을 들고 추는 춤도 있어요.

그 말에 포졸들은 금방 화색이 돌았어요.

"안 그래도 사또께서 기다리십니다. 오늘은 정말 큰 연희랍니다."

포졸들이 순순히 길을 열어 주었어요. 안으로 들어서자 눈앞에 아리따운 여인들이 색색의 옷을 차려입고 관아 마당에서 춤을 추고 있는 광경이 펼쳐졌어요. 단을 높인 상석에는 우람한 사또가 수염을 쓰다듬으며 흐뭇한 얼굴로 춤을 보고 있었고요. 또 커다란 상 위에는 온갖 음식들이 차려져 있고, 그 주변으로 갓을 쓴 양반들이 둘러앉아 있었지요.

　상화는 여인들이 뱅글뱅글 맴돌며 춤추는 것을 한참이나 구경했어요. 놀랍게도 여인들은 손에 검을 들고 춤을 췄어요. 기개가 넘치면서도 화려했지요. 옆에서는 소고와 장구를 들고 추는 소고춤과 장구춤이 함께 펼쳐지고 있었답니다. 모두가 한 몸처럼 추니 칼들은 열을 지어 허공을 가르고, 소고와 장구 소리도 하나의 소리처럼 힘차게 들렸어요.

　"운영 어르신이 오셨습니다요!"

　포졸이 고하자마자 사또는 벌떡 일어나 버선발로 달려왔어요.

　"어르신, 오셨군요! 안 그래도 이제나저제나 저희 고을을 찾아 주시길 기다렸습니다. 이제 막 우리 고을의 자랑인 유화가 춤을 추려는 참이니, 어서 올라오시지요!"

　상화는 아까 마을에 들어설 때 할아버지가 해 준 이야기가 떠올랐어요. 이 고을 기방에 훌륭한 춤꾼인 유화라는 기녀가 있는데, 춤을 좋아하는 사또가 욕심을 내서 유화를 잡아 두고 있다고요. 그래서 유화는 오직 사또를 위해서만 춤을 추고 있대요.

　상화는 사또를 흘긋 보았어요. 작고 빛나는 눈에 살찐 턱이 왠지 더 심술궂어 보였어요.

　'아휴, 얼굴만 봐도 욕심이 많아 보여.'

　하지만 상화의 생각을 알 리 없는 사또는 기세 좋게 소리쳤어요.

승복을 입고 추는 대표적인 기방 춤, 승무

대표적인 민속춤 중 하나로 승복을 입고 춰서 '중춤'이라고도 불려요. 조선 중엽 사람들에게 불교를 알리기 위해 만들어졌다는 유래가 있지만, 불교 의식에서 사용된 춤은 아니에요.
승무가 발전한 건 놀랍게도 절이 아닌 조선 시대의 기방이에요. 기녀들이 흰 장삼에 붉은 가사를 걸치고 백옥 같은 고깔을 쓰고 추었어요.

소맷자락을 뿌리는 동작이나 휘날리게 하는 팔 동작이 많으며, 인간의 기쁨과 슬픔을 은은하고 우아하게 표현하고 있어요.

"어르신, 우리의 보물 유화의 춤에 귀한 평을 내려 주시면 감사하겠습니다. 어서 유화더러 시작하라 하거라!"

성질 급한 사또의 명령에 이방이 달려가 명을 전했어요. 그러자 곧 관아 마당 끝에서 흰 치마저고리를 단정하게 차려입은 여인이 나타났어요.

상화는 눈을 비비고 자세히 보았어요. 여인은 평범한 쪽머리에 단출한 흰 옷 차림이었지만, 호리호리한 몸집에 얼굴은 목련처럼 뽀얗고 아름다웠어요.

할아버지가 속삭였어요.

"가히 아름다운 춤꾼이로세. 여기서는 승무가 아닌 살풀이춤을 추려는가 보구나."

"살풀이춤이요?"

"살풀이춤은 승무와 함께 기방의 대표적인 춤 가운데 하나란다. 여기서 살을 푼다는 건 나쁜 일이 안 일어나게 기원한다는 의미지."

굽이굽이 한을 풀어내는 살풀이춤

승무 외에 기방의 기녀들이 연희에서 자주 추었던 춤이에요. 예로부터 우리 조상들은 불행을 쫓기 위해 굿판을 벌였는데, 거기서 무당이 즉흥적으로 춤을 춘 것이 살풀이춤의 기원이에요. 특히 살풀이춤은 우리 춤의 기본인 정중동을 잘 보여 주는 춤으로, 조용하면서도 부드럽고 힘찬 춤사위를 잘 표현하고 있어요.

살풀이춤은 흰 한복에 긴 천을 들고 추는 춤이에요.

이윽고 풍악이 울리며 여인의 춤이 시작되었어요.

상화는 아까부터 여인이 슬퍼 보인다고 생각했는데, 흰 천을 앞으로 뻗고 그것을 다시 거두어 내는 느린 동작에서도 뭔지 모를 슬픔이 느껴졌어요. 게다가 화려한 듯 조용하고, 조용한 듯 힘찬 몸짓이 잔잔하면서도 깊은 강물을 떠올리게 했지요.

"안타깝구나. 저 아름다운 춤사위를 이 관아에서만 볼 수 있다니."

할아버지가 혀를 차며 수염을 쓰다듬었어요. 유화가 춤을 추는 내내 사또와 양반들은 흐뭇한 표정으로 박수를 치고 술을 마셨어요.

상화도 속이 상했어요. 하지만 할아버지는 여유롭게 말했어요.

"사또가 비록 풍류를 좋아하고 욕심은 많다만, 나쁜 이는 아니니 너무 미워 말거라. 내게 다 해결할 방법이 있으니."

유화는 마지막 동작을 끝내고 돌아서서 사또와 운영 할아버지를 향해 공손히 절을 올린 다음 창백한 얼굴로 입을 열었어요.

"운영 어르신의 명성은 익히 들었습니다. 이곳까지 걸음해 주시니 더없이 기쁩니다."

그 말에 할아버지는 고개를 끄덕이더니 사또를 향해 말했어요.

"저 여인의 춤에 나도 답해 볼까 하는데 어떻소, 사또?"

그 말에 사또는 어린아이마냥 신이 났어요.

"어르신이 몸소 춤을 보여 주신다는데 무슨 여부가 있겠습니까?"

"다만 한 가지 청이 있소."

사또도 손님들도 상화도 할아버지의 말에 귀를 쫑긋 세웠어요.

"내 지금부터 한량무를 출 텐데, 약조 하나만 해 주시오. 만일 내 춤에 감명을 받는다면 저 가여운 춤꾼을 자유의 몸이 되게 해 주시오. 춤꾼은 자유로이 춤을 출 소명을 타고난 이들이 아니오?"

그 말에 사또는 얼굴을 붉히고는 콧방귀를 뀌었어요.

"흠……. 만일 내가 어르신의 춤에 감복하지 않는다면 어떻게 하시겠소?"

그 말에 할아버지는 당당하게 말했어요.

"그땐 내가 사또에게 묶인 몸이 되어 사또만을 위해 춤추겠소."

그 자리에 있던 모두가 깜짝 놀랐어요. 심지어 목련 같던 유화의 얼굴도 붉게 달아올랐지요. 상화는 가슴이 두근거렸어요. 만일 할아버지가 내기에서 지면 어떻게 되는 걸까요?

성질 급한 사또는 이번에도 화등잔처럼 눈을 부릅 뜨고 주먹으로 땅땅 책상을 쳤어요.

"어서 풍악을 울리지 않고 무엇하느냐!"

할아버지는 버선발로 조용히 마당으로 나섰어요. 한량무는 관직에 오르지 않고 욕심 없이 풍류를 즐기는 조선 선비의 기개와 아름다움을 보여 주는 춤이에요.

드디어 첫 손짓이 시작됐어요.

그리고 상화는 깜짝 놀랐어요. 할아버지의 인자하고 푸근한 얼굴이 첫 춤사위가 펼쳐지자 놀기 좋아하는 젊은 선비의 표정으로 변해 있는 게 아니겠어요?

게다가 옷자락을 펄럭이며 부채를 흔드는 모습에서는 선비다운 호방함이 느껴졌어요. 몸짓 하나하나에서 강 따라 바람 따라 흘러 다니는 한량이 떠올랐지요.

상화는 사또의 얼굴이 붉어졌다가 환해졌다 하는 걸 볼 수 있었어요. 사또는 욕심 많은 사람일지는 몰라도 정말로 춤을 좋아하는 이가 틀림없었어요. 문득 사또가 이렇게 중얼댔거든요.

"저것이 바로 한량의 기개와 풍류렷다! 손끝 하나하나에 격조와 흥취가 녹아 있도다!"

춤이 끝나고 풍악이 멈추었는데도 사또는 말이 없었어요. 할아버지가 춤을 마치고 크게 절을 하는 순간에야 비로소 버선발로 뛰쳐나오더니 할아버지 앞에 넙죽 엎드렸지요.

"어르신, 감사합니다!"

느닷없는 사또의 절에 할아버지도 사람들도 놀랐어요. 사또는 아까와는 달리 조금 풀이

한량무
멋을 즐기는 선비를 '한량'이라고 불렀는데, 한량무는 호방하고도 섬세한 동작들 속에서 한량의 정신과 멋이 고스란히 드러나는 춤이에요.

죽어서 말했어요.

"진정한 한량은 한줄기 바람처럼 욕심을 버리고 살아가는 이라는 걸 어르신의 춤을 보고야 깨달았습니다."

이어서 사또가 자리에서 일어나 유화에게 말했어요.

"유화야. 그간 얼마나 마음고생이 많았느냐. 내 너의 마음을 알면서도 욕심을 부렸구나. 이제 자유의 몸으로 풀어 줄 터이니 앞으로는 많은 사람들에게 더 아름다운 춤으로 보답해 주려무나."

그 말에 유화도 눈물을 흘리며 사또와 할아버지에게 절을 올렸어요.

"두 분의 아량으로 이제 자유의 몸이 되었습니다. 이 은혜를 어찌 갚을까요."

손님들도 관아의 식구들과 포졸들도 모두 흐뭇한 얼굴이었어요. 그날 할아버지와 상화는 진수성찬을 대접 받은 뒤 다시 길을 나섰어요.

"할아버지, 이제 유화 누나는 행복하겠지요?"

할아버지는 고개를 끄덕였어요.

"암 그렇고말고. 이제 유화는 더 아름다운 춤을 출 게다."

"새처럼 자유롭게 말이지요? 그리고 바람처럼 자유롭게!"

상화는 지는 석양을 향해 너울너울 팔을 저으며 신나게 달렸어요. 그 모습을 바라보던 할아버지도 긴 수염을 쓰다듬으며 웃었지요.

우리 춤 한마당
다양한 기방 춤

조선 시대의 기방은 풍류의 중심 역할을 했어요.
기방의 기녀들은 노래와 춤은 물론, 그림과 문학에도 능한 예인들이었지요.
이러한 기방에서 발전한 다양한 기방 춤들에는 어떤 것이 있을까요?

입춤
기방 여인들이 특별한 도구 없이 복장도 따로 갖춰 입지 않고 췄던 춤이에요. 특별한 형식 없이 몸을 자유롭게 움직이며 췄어요.

검무
'검기무' 또는 '칼춤'이라고도 불려요. 유명한 화랑인 관창을 기리기 위해 만들어졌다는 유래가 있어요. 기방 여인들은 이 춤을 출 때만큼은 치마저고리 위에 남자용 모자인 전립, 남자용 두루마기인 전복, 역시 남자용 허리띠인 전대를 찼어요.

동래고무

동래고무는 본래 고려 전기 기방 여인들이 췄던 춤이지만 조선 시대 때 동래감영의 교방으로 전해지면서 '동래고무'라는 이름이 붙었어요. 네 명의 기방 춤꾼이 중앙에 있는 큰 북을 치면서 춤을 추면, 다른 네 명이 노래를 부르며 함께 어울려 춤을 췄어요.

소고춤

기방에서 입춤 다음에 추는 춤으로, '기방소고춤'이라고도 해요. 일반적인 농악에서 추는 소고춤과는 달리 춤사위가 정교하고 단아해요.

탈춤

입도 삐뚤 코도 삐뚤, 탈춤의 재미!

두 사람은 깊은 밤 주막에 다다랐어요. 지난 며칠 동안 먼 길을 걸어온 터라 다리도 아프고 피곤했지요.

그런데 웬일인지 깊은 산골 주막이 손님들로 북적댔어요. 등잔이 환하게 밝혀져 있고 모두 술잔을 기울이느라 시끌벅적했지요.

상화가 소리쳤어요.

"할아버지, 저것 좀 보세요!"

마당 구석에 북이며 장구며, 탈 들이 수북하게 쌓여 있는 게 아니겠어요? 국밥을 가져온 주모가 슬쩍 귀띔해 주었어요.

"좀 시끄러워도 참아 주시오. 궁중에서 탈춤 연희꾼을 뽑는다 하여 모두 한양으로 올라가는 길이라 하오. 저들 모두가 전국의 내로라

하는 춤꾼들이오."

할아버지는 잠시 눈을 감고 생각에 잠겼다가 말했어요.

"세자마마의 즉위식이 얼마 남지 않은 게로군."

"그런가 보오. 오늘 밤 시끄러운 걸 참아 주시는 대신 술 한 병 대접하리다."

주모가 배포 좋게 술 한 병을 턱 하니 내놓았어요. 하지만 상화는 아무래도 좋았어요. 아무리 시끄러워도 전국의 춤꾼들을 한꺼번에 보다니 얼마나 행운인가요? 상화는 김이 모락모락 피어오르는 국밥도 잊고 주변을 두리번댔어요.

"아주머니, 이 중에 누가 최고예요?"

주모는 "호호호!" 하며 큰 소리로 웃었어요.

"춤에는 까막눈인 내가 뭘 알겠느냐. 이따가 저들이 함께 춤으로 판을 연다니 네가 직접 가늠해 보려무나."

그 말에 상화는 너무 기뻐서 자리에서 풀쩍 뛰어올랐답니다.

잠시 후 주모의 말대로 마당에 춤판이 마련되었어요. 손님이 많아서 기분이 좋아진 주모는 이번에도 구경꾼들을 위해 고기와 전, 막걸리를 내놓았어요. 그렇게 깊은 산속 주막에서 신나는 춤마당이 한판 벌어졌지요. 춤꾼 몇 명이 먼저 나와서 자기소개를 했어요.

"우리는 해서(황해도)에서 온 봉산과 강령 탈춤 무리들이오."

"우리는 중부 지역의 양주 별산대놀이 탈패요."

"우리는 경남 지역의 오광대로소이다."

소개가 끝나자 이들은 다시 차례로 말했어요.

"우리는 지금 한양으로 가는 탈춤패로소이다. 방년 십오 세가 되신 세자마마께서 드디어 왕위 즉위식을 맞이하게 되지 않았겠소. 우리 춤의 흥과 아름다움을 사랑하시는 세자마마께서 특별히 우리를 궁으로 불러들이셨소이다."

"아무렴, 백성의 춤을 사랑하시는 세자마마께서 미천한 우리에게까

쾌활하고 힘찬 북부 지방의 탈춤
북부 지방의 탈춤은 한삼을 힘차게 휘돌리는 동작, 높이 뛰어오르는 도약 동작이 많아요. 탈춤의 폭이 크고 쾌활하며 전투적이지요. 대표적으로 봉산과 강령, 은율 탈춤이 있어요.

봉산 탈춤
춤사위 연결이 다양하고 동작이 가장 화려해요.

강령 탈춤
춤사위는 단순하지만 춤의 폭은 봉산 탈춤보다 커요.

은율 탈춤
고개로 추는 고개놀음은 없지만, 떡매사위·모름사위 같은 특별한 춤사위를 사용해요.

지 귀한 선물을 내려 주셨지요."

"그리하여 오늘은 왕위 즉위식을 경하드리는 마음으로 세자마마께 바치는 공연을 준비했소이다."

가장 먼저 나선 이들은 봉산과 강령에서 온 탈춤패들이었어요.

마당 끝에서 춤꾼들이 풍악대와 함께 등장했어요. 그중에 가장 눈에 띄는 이는 화려한 곤룡포를 차려입은 키 큰 춤꾼이었어요. 맑고 청아한 소년 임금의 탈을 쓰고 있는 것을 보니 곧 임금으로 즉위할 세자마마의 역할을 맡았나 봐요.

소년 임금 탈춤꾼이 외쳤어요.

"한 나라의 흥망은 임금의 덕성에 달려 있으니, 나는 임금의 자격을 얻기 위해 먼 길을 걸어왔노라."

그 말에 나머지 춤꾼들이 "얼쑤!" 하고 추임새를 놓았어요.

"이제 곧 내가 임금으로 즉위할 것이니, 백성을 사랑하는 이 마음을 춤으로 보여 주리라."

곧이어 임금 탈을 쓴 춤꾼이 풍악에 맞추어 고개를 흔들며 춤추기 시작했어요. 춤사위가 어찌나 힘찬지 상화의 키만큼이나 뛰어오르고, 손에 달아 놓은 금빛 한삼은 밤바람에 깃발처럼 펄럭였지요. 그야말로 임금의 기개와 힘이 느껴지는 몸짓이었어요.

넋을 잃고 바라보는 상화에게 할아버지가 속삭였어요.

"봉산과 강령 탈춤은 황해도 지방의 탈춤이다. 이 지역의 탈춤은 북부 지방답게 춤사위가 힘차고 화려하지."

두 번째로 나선 탈춤패는 양주에서 온 별산대놀이패였어요. 이들은 신하 역을 맡아 임금을 위하고 도우며 국사를 정돈하는 충신의 모습을 연기했어요.

"어린 임금께서 기개와 덕성으로 나라를 통치하시니, 우리 늙은 충신들은 온 힘을 다해 임금을 보필하고, 전하의 덕이 나라 구석구석 닿지 않는 곳이 없도록 하리라."

이번에는 상화가 물었어요.

"저 춤꾼들은 어디서 온 분들이에요?"

"중부 지방에서 온 이들이란다. 저들의 춤은 섬세하고 차분한 게 특징이지. 이 지역의 탈춤패는 춤도 춤이지만 연극을 공연하는 데 유리하도록 춤에 형식을 정해 두었단다."

할아버지의 말에 상화는 고개를 끄덕였어요. 아니나 다를까 별산대놀이패는 신중하고 충직한 절개를 가진 신하의 몸짓을 정확하고 절제된 동작으로 표현했어요. 깔끔한 손짓과 발짓, 서두르지 않으면서도 꾸준한 움직임이 그 성실함과 끈기를 말해 주는 듯 했어요.

이어서 등장한 탈춤패는 오광대 춤꾼들이었어요. 오광대가 맡은 역할은 농사를 짓고 품을 팔아 나라를 이끌어 가는 백성들의 역할이었어요. 갖가지 탈을 쓴 이들이 무리지어 등장하더니 흥겹게

딱딱 맞아 떨어지는 중부 지방의 탈춤

'산대놀이'라고도 불리는 중부 지방의 탈춤은 연극과 비슷한 면이 많아요. 누가 이 동작을 하면 누군가는 이 동작을 하자는 식으로 약속을 정해 놓는 경우가 많지요. 또한 손을 소매 바깥으로 내놓고 추기 때문에 손짓 동작이 많으며 매듭이 확실한 편이에요.

춤을 추기 시작했어요.

"새로운 임금이 즉위하시니 이보다 큰 경사가 있을쏘냐."

"임금께서 국사를 돌보는 사이, 우리는 열심히 논밭을 갈아 보세!"

여러 사람이 함께 어울려 추는 오광대의 춤은 앞선 탈춤들보다 자유로운 분위기였어요. 어떤 사람은 풍년을 축하하듯 자리에서 훌쩍 뛰고, 어떤 사람은 허리를 구부리고 모심는 흉내를 냈지요.

"남부 지방 탈춤은 춤사위 명칭이나 동작이 자유로운 편이란다. 이 지역은 정식 춤꾼들의 춤보다 평범한 사람들의 춤이

유행한 데다 농악에 맞춰 춤을 추니 흥이 있고 구수한 맛이 있지."

상화는 새로운 세상에 와 있는 것 같았어요. 상화는 탈춤은 그저 탈을 쓰고 추는 춤이라고만 생각했거든요. 그런데 탈춤이 지역마다 이처럼 다양하다니 놀랄 수밖에요.

게다가 이번 판은 춤이라기보다는 연극 같기도 했어요. 임금의 탈을 쓴 춤꾼이 주변에 둘러앉은 다른 춤꾼들에게 말했지요.

자유롭고 신나는 남부 지방의 탈춤

남부 지방의 탈춤은 다른 지방의 탈춤들과는 달리 춤사위의 명칭이나 동작이 완벽하게 정리되어 있지 않아요. 그래서 다른 탈춤들에 비해 춤사위들이 자유롭답니다. 따뜻한 날씨로 인해 낙천적인 남쪽 사람들의 춤답게 흥이 넘치고 쾌활하지요.

"춤 솜씨 하나로 세상을 들었다 놨다 하니, 너희 춤꾼들이야말로 진정한 이 나라의 작은 임금들이다!"

그 말에 다른 춤꾼들도 "우리야말로 진정한 작은 임금들일세!" 하며 장단을 맞췄지요.

"깊은 숲 노천에 짚자리 깔고 누워도 하늘이 내 지붕이요, 별들이 내 등잔이니 세상 부러울 것 없는 작은 임금들일세."

탈춤패들의 넉살에 사람들이 깔깔 웃었어요. 상화도 배를 잡고 웃었지요. 그러다 문득 상화보다 몇 살 많지 않지만 얼마 후면 한 나라의 임금이 될 세자에 대해서 궁금증이 생겼어요.

상화는 소리 죽여 할아버지에게 물었어요.

"할아버지, 세자마마는 어떤 분이세요?"

상화의 질문에 할아버지는 고개를 숙였어요. 상화가 잘못 본 걸까요? 어둠 속에서도 상화는 할아버지의 눈에 눈물이 맺혀 있는 걸 볼 수 있었어요.

"나이는 어리시지만 덕성이 깊고 심성이 고운 분이시다. 내게 이 여행의 기회를 주신 것도 세자마마이시지."

상화는 얼마 전 할아버지의 얘기가 기억났어요. 궁에서 할아버지는 궁중 춤인 정재를 관장하는 악학 기관에서 오랫동안 수장을 맡아 왔다고 해요.

"세자마마는 총명한 분이시라 글공부는 물론이거니와 춤과 음악에

보는 사람들도 맞장구치며 즐기는 우리 탈춤

궁중 무용이나 다른 춤들은 공연 위주예요. 즉, 공연하는 무대와 관객들의 객석이 따로 떨어져 있어요. 반면, 탈춤은 무대와 객석이 멀지 않아서 바로 관객들의 눈앞에서 펼쳐져요. 그래서 탈춤을 추는 춤꾼들은 정해진 춤과 연기는 물론 즉흥적인 대사와 춤으로 관객들이 함께 웃고 울고, 슬퍼하고 기뻐하도록 유도했어요.

도 조예가 깊으셨지. 아주 어릴 때부터 내게 춤도 배우셨단다."

어린 세자마마에게 춤을 가르칠 때의 추억이 떠오르는지 할아버지는 조용히 미소를 지었어요.

"하지만 중전마마께서는 그런 세자마마를 탐탁지 않아 하셨단다. 글공부와 무예를 익혀도 모자랄 시간에 천한 기예인 춤을 배운다고 말이다. 결국 중전마마께서는 나를 궁 밖으로 내보내셨단다."

할아버지가 떠나던 날, 세자마마는 할아버지를 배웅하며 한참을 울었다고 해요. 몰래 가까운 신하를 시켜 노잣돈과 함께 애절한 칙서 한 장도 전했대요. 비록 지금은 쫓겨나는 걸 막아 줄 수 없지만 나중에 임금이 되면 할아버지를 다시 불러들일 것이며, 그간 전국 방방곡곡을 떠돌며 백성들의 춤을 배우고 훌륭한 춤꾼을 키워 다시 돌아와 달라는 내용이었어요.

슬픈 기억임에도 불구하고 할아버지는 미소를 띠고 있었어요.

"그날이 멀지 않은 것 같구나. 궁에서 좋은 소식들이 들려오고 있으니 말이다."

말을 마친 할아버지는 다시 손바닥으로 장단을 맞추며 흥겹게 춤을 구경했어요. 세 판의 무대가 끝나 갈 무렵 목소리가 가장 큰 춤꾼이 세자의 즉위를 환영하는 축사를 외쳤어요.

"세자마마께서는 백성들의 바람대로 성군이 되실 터이니!"

"젊은 임금이 새 나라를 만드실 터이니!"

"우리처럼 천한 이들을 궁으로 불러들인다는 것은 백성의 마음을 이해하고자 하는 의도가 아니면 무엇이겠소!"

그 장단에 모두가 막걸리 잔을 치켜들고는 "새로운 임금께서 앞으로 우리를 보살펴 주시리라!"라고 외치며 건배를 했어요.

할아버지도 함박웃음을 지으며 같이 잔을 치켜올렸지요.

이에 질세라 상화도 물 잔을 들고 단숨에 들이켰어요.

우리 춤 한마당
다양한 얼굴의 탈

탈춤은 탈을 쓰고 춤추면서 공연하는 연극이에요.
웃고, 울고, 화내고, 즐거워하는 다양한 얼굴의 탈들을 살펴보아요.

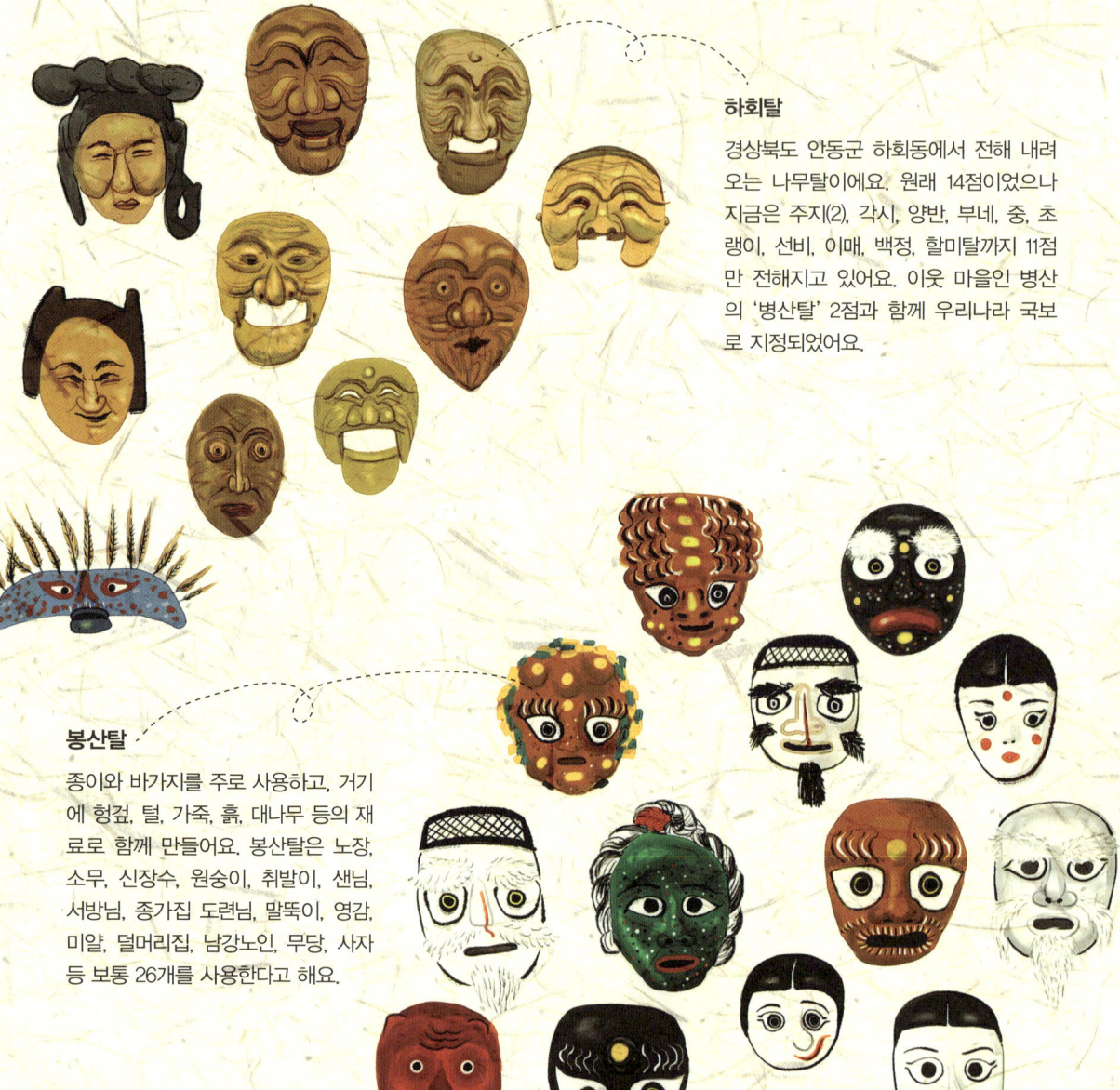

하회탈

경상북도 안동군 하회동에서 전해 내려오는 나무탈이에요. 원래 14점이었으나 지금은 주지(2), 각시, 양반, 부네, 중, 초랭이, 선비, 이매, 백정, 할미탈까지 11점만 전해지고 있어요. 이웃 마을인 병산의 '병산탈' 2점과 함께 우리나라 국보로 지정되었어요.

봉산탈

종이와 바가지를 주로 사용하고, 거기에 헝겊, 털, 가죽, 흙, 대나무 등의 재료로 함께 만들어요. 봉산탈은 노장, 소무, 신장수, 원숭이, 취발이, 샌님, 서방님, 종가집 도련님, 말뚝이, 영감, 미얄, 덜머리집, 남강노인, 무당, 사자 등 보통 26개를 사용한다고 해요.

강령탈

전체적으로 부드러운 느낌의 탈들로 온화하고 서민적인 분위기가 물씬 풍겨요. 모양이 특별히 아름답지는 않지만 우리 민족의 소박함이 느껴져요.

사자탈

사자탈은 머리 부분과 몸통 부분으로 나뉘고 여러 명의 탈꾼들이 탈과 함께 놀아요. 사자머리에 달린 몸뚱이에는 두 사람이 들어가고, 꼬리와 혀는 두 사람이 각각 하나씩 쥐고 놀지요.

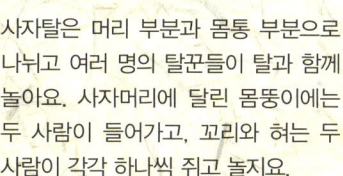

산대놀이탈

소탈한 느낌의 탈로 거의 나무로 만들었어요. 배역마다 다른 느낌으로 이목구비를 섬세하게 만들었고, 채색도 독창적이라 미적인 가치가 커요.

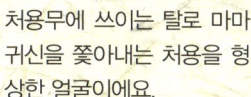

처용탈

처용무에 쓰이는 탈로 마마귀신을 쫓아내는 처용을 형상한 얼굴이에요.

사찰 춤

정성 어린 춤에는
하늘도 감동하나니

"할아버지, 목도 마르고 힘들어요. 우리 저기 앞아서 조금 쉬었다 가면 안 될까요?"

궁궐 근처 마을의 사찰에서 칠월칠석 법회가 시작된다는 소식을 들은 상화와 할아버지는 이른 아침부터 길을 나섰어요.

"조금만 참으렴. 곧 훌륭한 구경을 할 수 있을 게다."

상화는 짚신이 닳아 버선발이 신발 밖으로 삐죽 튀어나왔지만, 보폭 큰 할아버지를 쫓아 열심히 내달렸어요.

드디어 산등성이에 오르니 저만치 마을이 한눈에 내려다보였어요. 초가집 지붕 굴뚝에서는 연기가 피어오르고, 큰 절에는 대낮인데도 사람들이 빼곡하게 모여 있었어요.

상화는 조급해져서 할아버지 옷깃을 당겼어요.

"할아버지! 빨리 가요, 네?"

"허허, 배고프고 목마르다더니. 왜 이리 급하누."

하지만 할아버지의 발걸음도 어느새 빨라지고 있었어요.

절 안으로 들어서자 남녀노소 할 것 없이 모두 모여 불공을 드리고 행사를 구경하고 있었어요.

춤이 펼쳐지는 법당에 가까워지자 상화는 귀를 쫑긋했어요. 보통 풍악 소리와는 다른 경건한 느낌의 음악이 울려 퍼지고 있었거든요.

"이 음악들은 불교 음악인 범패다. 범패는 '인도의 소리'라는 뜻이지. 제를 올릴 때 쓰는데, 부처님의 공덕을 찬양하는 노래란다."

상화와 할아버지는 범패가 흘러나오는 법당을 향해 다가갔어요. 법당 안에서는 춤이 한창이었고, 사람들도 열린 문 너머로 춤을 구경하고 있었지요.

고개를 쭉 뺀 상화의 눈에 가장 먼저 들어온 건 커다란 고깔이었어요. 고깔 아래로 보이는 조용한 얼굴은 잔잔한 강물 같은 느낌이었지요. 같은 복장을 한 네 명의 스님들이 키만큼이나 긴 장삼을 바닥에 끌며 한 쌍의 날개처럼 팔을 펼치고 있었어요.

상화는 자신도 모르게 소리쳤어요.

"할아버지, 저거 나비춤이죠? 오래전에 절에서 본 적이 있어요."

죄를 씻어 내는 나비춤

불교에서는 사람이 살면서 짓는 여러 가지 죄를 '업'이라고 하는데, 나비춤은 이 업을 씻어 내는 춤이에요. 빠른 동작이 없고 어깨와 고개도 거의 움직이지 않아 경건하고 조심스러운 느낌을 주지요.

할아버지는 기특하다는 듯 상화의 머리를 쓸어 주었어요.

"그렇단다. 저 나비춤은 불교 의식무 중에서 가장 중요한 춤이지. 만물 중에 소생하지 못한 중생들을 불러들여 부처님 앞에 참회하는 춤이다."

상화는 할아버지의 말을 전부 이해할 수 없었지만, 제자리에서 허리를 숙여 합장하고 천천히 도는 스님들의 몸짓이 간절한 기도 같다는 느낌이 들었어요. 게다가 나비춤을 바라보는 사람들의 얼굴도 평화롭기 그지없었어요.

　순간 상화는 한 가지를 깨달았어요. 어떤 춤은 보고 즐기는 춤인가 하면, 어떤 춤은 마음을 깨끗이 해 주는 춤이라는 것을요. 이처럼 또 다른 춤의 세계가 있다는 게 상화는 신기하기만 했어요.

　나비춤이 끝나자 이번에는 또 한 무리의 스님들이 양손에 둥근 쇠 악기를 들고 등장했어요.

　할아버지가 손끝으로 악기를 가리키며 말했어요.

　"저 악기는 바라라고 부른다. 저 바라를 마주칠 때 울려 퍼지는 소리에 악귀가 물러가고 심신이 깨끗해진다고 하지."

　할아버지 말대로, 스님들이 바라를 울리자 힘차고도 맑은 소리가 퍼져 나갔어요. 방금 전의 나비춤과는 달리 바라춤은 빠르게 움직이고 빙글빙글 돌기도 해서 기운차고 활기찬 느낌이었지

악귀를 물리치는 바라춤

양손에 바라를 들고 빠른 움직임으로 활기차게 추는 춤이에요. 불교에서는 모든 악귀를 물리치고, 마음을 깨끗하게 하기 위해서 바라춤을 춘다고 해요.

요. 게다가 한 스님이 계속해서 노래하듯 법문을 외우는 것도 인상적이었어요.

"바라춤은 천수다라니라는 기원의 염불을 함께 읊는 춤이란다. 그래서 저 춤은 주로 염불을 잘 외는 스님들이 추시지."

바라춤이 끝나 갈 때였어요. 바깥에서 또 하나의 춤이 준비되고 있었어요. 바로 법고춤이었지요. 마당에 놓인 커다란 북, 법고 앞에 장삼을 입고 붉은 가사를 걸친 스님이 양손에 북채를 들고 등장했어요.

스님은 먼저 북채로 북 가장자리를 훑어 내리더니 이어서 북 중앙을 두들기기 시작했어요.

"저렇게 북 가장자리를 긁어 울리는 걸 훈고라 하지. 북의 정면을 두드려 소리를 내는 몸짓은 홍고춤이라 부른단다."

북소리가 널리 퍼지고, 북을 두드릴 때마다 스님의 장삼 자락도 너풀대며 휘날렸어요. 커다란 북이 주는 깊은 울림과 힘찬 장삼의 움직임이 웅장한 춤이라는 느낌을 주었어요.

처음에는 북소리만 들렸지만 곧이어 커다란 징도 등장하고 작은 북도 등장했어요. 게다가 북 반대편에서 또 다른 스님이 다가와 박자에 맞춰 가볍게 북을 두드리기 시작했어요.

사찰은 다양한 악기들의 조화로운 울림으로 가득해졌답니다.

잠시 후, 상화는 눈을 휘둥그레 떴어요. 스님의 움직임이 점점 빨라지면서 북을 두드리는 소리도 현란해지기 시작한 거예요. 북은 둥둥

번뇌를 버리고 마음을 비우는 법고춤

법고는 불교 의식에서 아주 중요한 도구 중 하나로 세상의 가엾고 비천한 가축들, 즉 축생의 구제를 바라는 도구예요. 법고춤은 북 가장자리를 긁어서 울리는 훈고, 북 정면을 두 손으로 두드려 소리를 내는 홍고춤, 두 개의 징과 호적·뒷북·바라·소북 연주 등으로 이루어져요.

빨리 울렸다가 다시 느린 박자로 울리고, 스님의 몸짓도 갈수록 크고 화려해졌어요.

"지금부터가 진짜 법고춤이라고 보면 된단다. 저 춤은 부처님의 가르침을 의미하기도 하고, 번뇌의 해탈을 뜻하기도 한단다."

상화는 번뇌나 해탈이라는 단어가 아직 익숙하지 않았지만, 자주 들었던 아버지의 말이 떠올랐어요.

"아무리 세상살이가 고단해도 안달할 것 없다. 모든 번뇌가 한낱 지나가는 꿈이니라."

살다 보면 어쩔 수 없이 생기는 기쁨과 슬픔, 미움과 화, 이 모두가 때때로 우리를 괴롭혀요. 불교에서는 이런 복잡한 마음을 번뇌라고 표현하지요. 해탈이란 바로 이 번뇌를 벗어나 진정으로 자유로운 상태를 말하는 거예요. 화가 났을 때, 슬플 때, 누군가가 미울 때도 해탈한 사람은 화내거나 슬퍼하거나 미워하지 않는다고 해요.

상화는 온종일 대장간에서 불과 쇠와 싸우면서도, 한 번도 자신의 처지를 탓하지 않았던 아버지가 떠올라 코끝이 찡해졌어요.

상화의 마음을 읽은 걸까요. 할아버지가 시무룩해진 상화의 어깨에 살며시 손을 올려놓았어요.

"자, 이 정도면 충분히 보았을 게다. 갈 길이 머니 이만 서두르자."

상화는 아쉬웠지만 고개를 끄덕였어요. 사찰을 빠져나오면서 몇 번이나 뒤를 돌아보았지요. 그리고 길을 걷는 동안 이상하게도 마음이 차분해지는 걸 느꼈어요.

생각해 보니 어머니도 마음이 복잡할 때마다 절을 찾으셨어요. 절에 다녀오시고 나면 상화에게 꼭 이렇게 말씀하시곤 했지요.

"상화야, 어려운 일이 있을 때는 절을 찾아가 열심히 부처님께 기도를 올리거라."

상화는 어머니의 따뜻한 품이 그리워졌어요. 할아버지는 그런 상화를 위해 앞서다가도 잠시 걸음을 멈추고 상화를 기다려 주었어요.

그렇게 사찰에서 좀 떨어진 숲길로 들어섰을 때였어요. 누군가 숲

공터에서 춤을 추고 있는 게 보였어요. 알록달록 색동옷을 입고 절에서 흘러나오는 음악에 맞춰 춤을 추는 젊은 남자였지요. 할아버지는 남자의 방울과 부채를 보더니 고개를 끄덕였어요.

"저이는 박수무당이 틀림없고, 저것은 무당춤이로구나."

상화도 짝! 하고 박수를 쳤어요. 언젠가 상화네 마을에서도 커다란 굿이 벌어진 적이 있었거든요. 그때 무당이 와서 눈앞의 남자같은 옷차림으로 방울과 부채를 흔들며 춤추었어요.

"저리 간절한 춤을 외롭게 추니, 우리가 관객이 되어 주자꾸나."

화려한 민간 의식무, 무당춤

무당이 굿을 할 때 추는 무당춤도 우리나라의 중요한 의식무에 속해요. 지역마다 다양한 특징을 가지고 있는 무당춤은 비를 기원하는 기우제 때나 또는 신령님의 힘을 빌려서 나쁜 액을 물리치고 복을 빌 때 추었어요.

상화는 고개를 끄덕였어요. 사찰에서 슬펐던 기분은 잠시 잊고, 곧바로 무당 앞으로 달려가 앉았지요. 갑자기 나타난 두 사람에게 놀란 박수무당의 눈도 휘둥그레졌어요.

하지만 박수무당은 춤만큼은 멈추지 않았어요. 한손으로는 놋쇠 방울을 짤랑이면서, 다른 손으로는 부채를 펼치고 빙글빙글 돌며 풀쩍풀쩍 뛰어올랐어요.

얼마 뒤 사찰에서 흘러나오는 소리가 멈추고 나서야 무당도 몸짓을 멈추고 땀이 흘러내리는 얼굴을 숙여 인사했어요.

"안 그래도 홀로 외로웠는데, 제 춤을 봐 주셔서 고맙습니다."

상화는 지금껏 무당이 무섭다고만 생각했어요. 그런데 오늘 보니 무당도 상화가 좋아하는 춤꾼 중에 한 사람일지도 모르겠다는 생각이 들었어요.

"그래, 우리 박수께서는 어인 일로 홀로 춤을 추고 계시는고?"

할아버지가 물었어요. 박수무당은 수줍은 얼굴로 대답했지요.

"저는 본래 승려가 되려 했던 사람입니다. 어쩔 수 없이 무속인의 길을 걷게 되었지만, 이 좋은 날 부처님의 은덕을 함께 기리고자 이렇게 나왔습니다."

그 말에 할아버지는 웃었어요.

"그 신심을 부처님도 알아주실 게요. 그리 아름다운 춤을 출 줄 아는 그대는 마음 또한 고우려니."

예상치 못한 칭찬에 박수무당도 기뻐했어요.

"고맙습니다. 제 마음이 부처님께 닿을 때까지 오늘 계속 춤을 출 겁니다."

사찰에서 흘러나오는 희미한 음악 소리가 멈췄다가 다시 들려오자 박수무당도 다시 춤추기 시작했어요.

그런데 웬일일까요? 춤을 아끼던 할아버지까지 자리에서 일어나 춤을 추기 시작했어요.

"춤은 함께 출 때 가장 영험하고, 가장 즐거운 것이니!"

할아버지의 외침에 상화도 이에 질세라 덩실덩실 춤을 추었어요.

만일 누군가 이 셋을 봤다면 고개를 갸우뚱했을 거예요. 박수무당과 점잖은 노인과 어린아이가 어울려 춤을 추는 광경이라니요.

춤추는 세 사람의 그림자가 햇살 아래 사이좋게 어우러졌어요. 그렇게 상화도, 할아버지도, 무당도 제각각의 소원을 비는 하루가 흘러가고 있었어요.

우리 춤 한마당
굿판과 무당춤

무당은 신에게 제물을 바치고, 노래와 춤으로 제를 올리는 굿판을 벌여요. 지역마다 독특한 무당춤의 세계로 들어가 볼까요?

통영굿

경상남도의 통영굿 내용은 경상도 굿과 비슷하지만, 전체 형식은 전라도 굿과 비슷해요. 통영굿은 무당이 머리 위에 무관을 쓰고 춤추는 것이 특징이에요.

진도굿

전라남도의 진도굿은 죽은 사람을 달래는 지전춤을 춰요. 지전춤이란 두 손에 한지를 잘게 쪼개 만든 종이 다발을 들고 추는 춤이에요.

강릉굿

강원도의 강릉굿은 의식 도구인 무구를 들고 추는 춤보다 쾌자 자락으로 추는 춤이 많아요. 이 춤을 신놀람 춤이라고 불러요.

경기도굿
경기도의 경기도굿은 몇 가지 춤으로 유명해요. 꽹과리 춤과 허수아비 춤, 목검을 들고 마을 곳곳을 돌아다니면서 축귀를 전하는 돌돌이 춤 등이 있어요.

서울굿
서울 지역의 굿은 무당이 춤출 때 입는 옷이 아름답기로 유명해요. 아름다운 옷만큼이나 춤도 우아하고 차분해요. 비교적 정해진 형식으로 추는 춤들이 많아요.

황해도굿
황해도의 무당춤은 처음에는 느리지만 절정에 이르면 아주 활기차고 전투적이에요. 황해도굿에서 사용하는 대표적인 도구는 칼로, 작은 칼을 들고 추기도 하지만 큰 칼로도 추지요. 그 외에 부채와 방울을 들고 추는 춤, 바라를 들고 추는 춤도 있어요.

평안도굿과 함경도굿
평안도의 무당춤은 의젓하고 체통이 있어요. 무당이 모시는 신의 옷으로 직접 갈아입고 추는 춤이 대표적이지요. 반면 함경도의 굿춤은 쾌활하면서도 개방적이에요. 흰 천으로 신놀림 춤을 추거나 점술을 춤으로 표현해요.

농악무

황금빛 들판에서
어깨춤을 덩실덩실

　　집을 떠나온 지 얼마나 되었을까요? 벌써 가을이 깊어 지나온 마을마다 추수 준비가 한창이에요. 게다가 온 백성이 기다리던 세자마마의 즉위식이 끝난 후라 마을마다 축제 분위기였지요.
　　상화는 벌써 몇 주 전에 세자마마가 왕위에 오르셨는데도 지금까지 궁궐로 돌아가지 못한 할아버지가 가여웠어요. 아직 궁으로 돌아오라는 소식을 받지 못했거든요. 하지만 할아버지는 속상한 내색도 하지 않았어요. 그저 궁으로 향하는 발걸음을 멈추지 않고 성실하게 하루하루 백성들의 춤을 배우고 연습했지요.
　　두 사람이 도착한 마을에도 잔치판이 벌어지고 있었어요. 할아버지와 상화도 후한 식사 대접을 받았어요. 우리 민족의 넉넉한 잔치는 지나가는 손님에게도 친절하거든요. 상화는 갓 지은 밥과 김치, 금방 부쳐 낸 전, 인절미 등이 놓인 상을 보고는 소리쳤어요.

"와, 할아버지! 제가 가장 좋아하는 녹두전도 있어요!"

다른 때 같으면 구경거리부터 찾았을 상화지만, 오늘은 녹두전을 보자마자 침이 꿀꺽 넘어갔어요.

"금강산도 식후경이란다. 일단 먹도록 하자꾸나."

상화가 한창 배를 채우고 있는데 갑자기 주변이 웅성웅성해요. 귀가 먹먹할 정도로 쨍한 꽹과리 소리, 대숲의 휘파람 소리 같은 단소 소리도 울렸어요. 할아버지가 숟가락을 잠시 놓고 주변을 둘러보았어요.

"농악대가 농악무를 추려나 보구나."

농사꾼들의 축제, 농악무

농악무는 우리 조상들이 전통적으로 추어 온 농사 춤이에요. 해마다 모심기 때와 추수 때가 되면 농악무를 추는데, 이 농악무는 그간 고생한 농부들의 수고를 덜어 주고, 흥겨움을 더해 주는 중요한 놀이였어요. 특히 추수를 앞둔 가을 무렵에는 그 의미가 더 깊었어요.

할아버지의 말이 끝나기도 전에 상화의 눈이 커다래졌어요. 커다란 깃발이 펄럭이며 들어오는 걸 보았거든요. 이어서 모습을 드러낸 건 종이꽃을 단 화려한 고깔에, 색이 고운 채복을 입고, 기를 든 기수들이었어요.

그 뒤로 꽹과리를 든 쇠재비들, 장구를 두드리는 장구재비들, 북을 멘 북재비들이 함께 들어왔어요. 태평소를 부는 사람도 있나 봐요. 작은 소고를 든 소고꾼도 보였어요. 농악대가 집 앞으로 오자 마당에 잔칫상을 차렸던 집주인이 나와서 두 팔을 벌려 환영했어요.

"이제야 왔구려!"

무엇보다 상화의 눈을 사로잡은 건 모자 끝에 달린 기다란 끈을 빙글빙글 돌리는 재주였어요. 사람들도 농악대의 재주에 신이 났어요.

"우리 마을 농악대만큼 상모돌리기 잘하는 농악대 있으면 어디 한 번 나와 보소!"

"암, 그렇고말고!"

다른 사람들도 맞장구쳤어요. 할아버지도 흐뭇한 얼굴로 수염을 쓸었어요.

"여긴 산이 많은 지역이라 상모놀이를 잘하는구나. 저걸 웃놀음이라고 한단다. 평야가 많은 지역에는 너름새라는 어깨춤을 잘 추지."

언뜻 농악대는 악기와 상모, 사람이 하나처럼 춤추는 것 같았어요. 연주하는 악기도 모두 다른데, 조화롭게 연주하며 움직이는 모습을 보면 감탄이 절로 나왔지요.

"할아버지, 저 많은 사람들이 어떻게 함께 연습을 했을까요?"

"농사를 혼자 지을 수 없듯이, 농악대의 농악도 각자의 소리와 재주, 움직임이 함께 어우러져야 흥겹단다."

이어진 할아버지의 말은 더 놀라웠어요.

상모돌리기
농악대가 모자 꼭대기에 기다란 끈으로 된 상모를 달고, 이를 돌리면서 추는 춤을 말해요.

"저 농악대들은 거의 평범한 농민들이란다. 물론 박수무당이나 전문 직업꾼들이 하기도 하지만, 농사를 지으며 함께 악기를 배우고 연습해서 이렇게 즐기는 거지."

상화는 그 말에 조금 부끄러워졌어요. 대장간 일이 바빠 춤 연습할 시간이 없다고 투정을 부린 게 한두 날인가요. 게다가 종희가 춤을 가르쳐 달라고 하면 함께 출 생각은 않고 으스대기만 했어요. 그런데 바쁜 농사일을 하면서도 함께 모여 저렇게 멋진 춤을 추다니 놀라울 수밖에요.

어딜 가나 환영받는 농악대들

농악대는 악기를 연주하고 춤만 추는 게 아니에요. 음력 섣달 그믐날 밤이면 동네 집집마다 찾아가 노래 부르고 춤을 추었어요. 집안 곳곳을 돌면서 나쁜 악귀를 쫓아, 그 집안의 복을 빌어 주었지요. 그러면 주인은 상을 차려 이들을 대접하고 돈이나 곡물을 내주는데, 이렇게 모은 돈과 곡식은 마을 전체를 위해 사용했어요.

모두가 빙 둘러 함께 춤추는 모습이 편안하고 즐거워 보였어요. 농사일을 잠시나마 잊고 흥겹게 추수를 축하하고 있다는 걸 느낄 수 있었지요.

"올해 농사를 잘되게 해 주신 하느님에게 감사드리나이다. 이제 왕위에 오르신 새 임금님께서도 길이길이 평안하시고 복되소서!"

농악대의 외침에 사람들도 "와아!" 하고 함성으로 답했어요. 할아버지가 문득 중얼거렸어요.

"세자마마께서 이 모습을 보신다면 얼마나 즐거우실꼬."

농악대가 다시 풍악을 울리며 대열을 화려하게 바꾸기 시작했어요. 어울려 한 줄로 길게 늘어섰다가 두 줄이 되고, 태극 모양, 소라 모양 등으로 계속해서 움직였어요. 그야말로 농악무의 절정이었어요.

그때 갑자기 먼 곳에서 '붕' 하는 나팔 소리가 울렸어요. 그 소리가 어찌나 크고 웅장한지 모두가 춤을 멈추고 주변을 두리번댔지요.

아니나 다를까, 마을 외곽에서 흙먼지가 일며 말발굽 소리가 들렸어요. 흙먼지가 거두어지고 나타난 이들은 한 무리의 남자들이었어요. 눈을 가늘게 뜨고 바라보던 누군가가 소리쳤어요.

"저들은 궁궐의 전령사들이 아닌가!"

다들 눈이 휘둥그레졌지요. 이렇게 깊은 산골에 궁궐 전령사가 오다니요? 임금이 계신 궁궐을 상징하는 옷차림과 깃발에 모두가 허겁지겁 엎드렸어요.

말발굽 소리가 잦아들고 전령사가 말에서 내려 주위를 살폈어요. 분명히 누군가를 찾고 있는 것 같았어요.

전령사가 물었어요.

"이 마을에 운영이라는 어르신 소식을 아는 자가 있소?"

그 말에 다들 고개를 저었지요. 게다가 할아버지까지 입을 꾹 다문 채 묵묵부답했어요. 조급해진 상화가 벌떡 일어났어요.

"여…… 여기 이 어르신께서 운영 어르신입니다!"

말하고 나서 상화는 조금 후회했어요. 할아버지는 늘 상화더러 서

두는 성격을 고치라고 하셨거든요.

 하지만 상화는 느낄 수 있었어요. 만일 상화가 말하지 않았더라면 할아버지는 절대 신분을 밝히지 않았을 거예요. 언젠가 할아버지는 먼 하늘을 바라보며 이렇게 말했어요.

 "임금님께서 이 보잘것없는 늙은이를 잊고 나랏일에 집중하셔야 하는데……. 어쩌면 내가 돌아가지 않는 것이 좋을지도 모르겠구나."

 상화는 할아버지의 얼굴이 너무 슬퍼 보여서 아무 말도 할 수 없었어요. 잠시 후 할아버지가 조용히 일어나 옷을 털며 말했어요.

 "이 늙은이가 운영이옵니다만……."

 그제야 전령사도 마음이 놓이는지 가슴을 쓸었어요.

 "어르신께서 이쯤 왔다는 소식을 듣고 사흘 밤낮을 쉬지 않고 달려왔소이다. 어찌 그리 꼭꼭 숨어 우릴 고단하게 하는 것이오. 이제 어명을 받으시오."

 상화는 눈앞이 하얘지고 가슴이 두근댔어요. 어명은 임금이 내리는 명령이 아니던가요? 할아버지도 코가 땅에 박힐 정도로 깊숙이 고개를 숙였어요. 한 전령사가 위풍당당하게 칙서를 펼치고 말했어요.

 "왕위 즉위식이 끝나 약속을 이행할 것이니 운영은 지금 당장 입궁하라는 전하의 어명이오!"

 할아버지는 잠시 말을 잇지 못했어요. 상화가 엎드린 채 할아버지의 옆구리를 찔렀어요.

"할아버지, 얼른요!"

할아버지가 떨리는 목소리로 말했어요.

"어명을 받들겠소이다."

할아버지의 대답에 마을 사람들도 기쁜 일이라며 박수를 쳤어요.

"우리 마을에 이리 귀한 어르신이 있는 걸 미처 몰랐소."

"우리 전령 나리들도 먼 길 오시느라 허기질 텐데 여기서 한 상 받고 가시오!"

그 말에 전령사들도 "에헴." 하고 못 이기는 척 말에서 내려 잔치판에 앉았어요. 다시 신나게 풍악이 울리고 배고픈 전령사들 앞으로 음식이 차려지기 시작했어요. 하지만 할아버지는 잔치판에 어울리는 대신 조용히 집 뒤로 걸어가 몸을 감추고 여러 번 궁궐 쪽으로 절을 했어요. 임금님이 그리운 게 틀림없어요.

할아버지의 뒷모습을 보며 상화는 왠지 임금님이 부럽기도 하고, 할아버지가 궁궐로 돌아갈 수 있어 기쁘기도 했어요.

우리 춤 한마당
농악무에 쓰인 악기들

농악무는 농부들의 수고를 덜어 주고, 흥겨움을 더해 주는 춤이에요.
신명 나는 농악무에는 어떤 악기들이 쓰였을까요?

북

단단한 나무통 양쪽에 두꺼운 가죽을 붙여 만든 악기예요. 나무를 깎아 만든 단단한 채로 두드리면 '둥둥둥' 소리가 나요. 농악무 등 풍물에 사용되는 북은 가죽 가장자리에 구멍을 뚫어 조이고 풀 수 있게 해서 음정을 조절할 수 있어요.

꽹과리

놋쇠로 만든 지름 20cm 정도의 둥근 악기예요. 궁중의 놀이에 쓰이는 것은 '소금'이라 하고, 농악무 등 풍물에 사용되는 것은 '꽹과리'라고 부르지요. 작은 채로 빠르게 두드리며, 강하고 짧고 날카로운 소리가 나요.

장구

허리가 잘록한 통의 양쪽에 가죽을 붙인 악기예요. 오른쪽은 열채로 치고, 왼쪽은 손이나 궁굴채로 쳐요.

징

놋쇠로 만든 평균 지름 37cm 정도의 둥근 쟁반 모양 악기예요. 손에 들거나 틀에 매달아서 솜뭉치에 헝겊을 씌운 채로 치지요. 농악 등의 풍물은 물론 무속 음악, 불교 음악, 군악 등에 두루 사용되었어요. 소리의 여운이 길고 울림이 깊으며, 채 끝에 헝겊을 감아 치므로 음색도 부드러워요.

소고

손잡이가 달린 지름 20cm 정도의 작은 북을 말해요. 지역에 따라 소고와 벅구, 버꾸 등으로 불리기도 해요. 소고만 들고 추는 소고 춤도 있어요.

새납

작은 나팔 모양으로 경쾌하고 리듬 있는 소리를 내는 악기예요. 흔히 '태평소'라고 알려져 있고, 호적, 날나리, 쇄납이라고도 불러요.

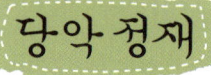

위풍당당
궁중 문화의 꽃

　　　　　할아버지는 그렇게 다시 궁으로 돌아왔어요. 약속대로 임금님께서는 할아버지를 반갑게 맞이했지요.

"운영, 얼마나 고생이 많았소! 내 그대를 진작 부르지 못한 이유가 있었소."

"아니옵니다. 다시 불러 주신 것만으로도 황공하나이다."

듣자 하니 할아버지와 어린 임금님은 더 말을 잇지 못하고 닭똥 같은 눈물만 떨구었다고 해요. 상화는 이렇게 정 깊은 두 사람이 그간 떨어져 지낸 게 안타깝기도 했지만, 조금 질투도 났어요.

그때 할아버지가 딴생각에 빠진 상화의 이마를 담뱃대로 톡 하고 쳤어요.

궁중 춤의 정수, 정재

정재는 나라의 경사나 궁중의 향연, 국빈을 대접하는 연희에서 공연되는 춤과 노래예요. 특히 왕 앞에서 춤을 추기 때문에 고상하고 예의를 갖춘 동작, 절도 있고 화사한 춤사위가 특징이지요. 또한 개인의 감정과 개성은 표현하지 않고, 엄격한 형식과 격식을 갖추어 추는 춤이었지요.
이러한 정재는 두 가지로 나뉘는데, 주로 중국에서 전해 온 정재를 당악 정재, 우리 순수 창작물인 정재를 향악 정재라고 해요.

"요 녀석, 다시 묻겠다. 내 아까 몽금척이 무엇이라 하였는고?"

상화는 "아얏!" 하며 이마를 문지르고는 술술 대답했어요.

"몽금척은 조선 태조 임금님 시절에 정도전이 임금님의 공덕을 칭송하기 위해 만든 악장을 춤으로 꾸민 궁중 정재를 말하는 거예요."

두 사람의 모습을 본 다른 수제자들이 킥킥대고 웃었어요. 상화는 바빠진 할아버지가 예전처럼 차근차근 설명해 주는 대신 재촉하는 게 서운했지만 괜찮아요.

춤꾼들만 지내는 별채에서 아침 일찍 일어나 분주히 움직이고, 커다란 마당에서 춤 연습을 하는 등 본격적인 궁중 춤꾼 생활이 시작되었거든요.

얼마 전에는 할아버지가 돌아왔다는 소식을 들은 춤꾼들이 모두 달려와 할아버지의 손을 잡고 눈물을 흘렸어요.

"어르신이 돌아오시기를 얼마나 기다렸는지 모릅니다."

"이제야 우리도 마음 편히 춤을 출 수 있겠습니다."

다들 집을 떠나 궁궐 안에서 서로를 가족처럼 여기는 걸 보면서, 상화는 평생 춤만 추는 삶은 어떨까 생각해 보게 되었어요. 그러자 문득 아버지와 어머니가 떠오르기도 했고요. 평생 대장간에서 땀 흘려 일하는 것과 마찬가지로 춤추는 일도 쉽지만은 않을 게 분명했어요.

하지만 오늘, 상화는 조금은 무거운 마음을 훌훌 털기로 했어요. 오늘은 궁궐에서 커다란 연희가 열리거든요. 눈이 부실 정도로 화려하다는 궁중 춤을 오늘에서야 처음으로 보게 되는 거예요.

오늘은 임금님의 가까운 친인척까지 모여 연희를 관람한다고 했어요. 며칠 전부터 궁중의 나인들이 음식과 자리를 마련했고, 할아버지도 궁궐 무원들과 공연을 준비했지요.

이렇게 공연을 여는 건 새로 즉위하신 임금님의 치세를 널리 알리고 축하하기 위해서예요. 그리고 오늘은 당악 정재의 대표적인 춤인 몽금척이 상연될 예정이라고 해요.

할아버지가 또다시 물었어요.

"그렇다면 우리 정재의 특징을 설명해 보거라."

상화는 갑자기 머리가 뱅글뱅글 도는 것 같았지만, 목을 가다듬고 하나씩 차분히 말했어요.

"춤의 처음과 끝에 춤의 내용을 노래로 설명하는 게 정재의 특징입니다. 이걸 창사, 치어, 구호라고 부르고요. 또 무복의 빛깔, 춤의 구성을 음양오행에 맞게 짠다는 것도 정재의 기본입니다. 반주 장단은 20박·16박·12박·6박·4박이 1장단으로 이루어져요."

상화의 또박또박한 대답에 별채 마당을 쓸던 어린 무인 하나가 박수를 쳐 주었어요. 상화는 어깨가 으쓱했지요.

상화는 아직 춤을 많이 배우지 않아서 오늘은 무인들의 준비를 도와주는 일을 할 거예요. 화려한 궁중 춤에는 여러 도구가 쓰이기 때문에 하나하나 챙기지 않으면 안 되거든요.

"상화야, 죽간자의 끈이 제대로 묶여 있느냐?"

"얘야, 족자 아래쪽 술이 허술하니 촛불로 다듬어 주겠니?"

"무엇하느냐? 어서 금척을 깨끗이 닦아 놓지 않고!"

상화는 얼이 빠질 정도로 바빴어요. 게다가 할아버지도 마지막 준비를 지휘하느라 어디로 사라졌는지 보이지 않았어요.

그렇게 몇 시간이 지나 모든 준비가 끝나고 무인들이 드디어 무대 뒤에서 숨을 고르기 시작했어요. 임금님과 신하들, 임금님의 친인척들까지 있는데 실수하지 않으려면 차분해야 하거든요.

잠시 뒤 풍악이 울리며 무대로 나가라는 신호가 떨어지자 고운 빛의 옷자락을 휘날리며 17명의 무인들이 나섰어요. 가장 먼저 나선 이

궁중 정재에 사용되는 화려한 도구들

궁중 무용은 의상과 도구, 무대가 화려해요. 몽금척에도 화려한 족자와 죽간자, 왕의 권위를 상징하는 금척이 사용되었고, 무인들은 화려한 무복을 입었어요.

죽간자
붉은 나무 자루 위에 가는 대 100개를 꽂고 붉은 실로 엮은 다음 수정 구슬을 달아 장식해요.

무복
궁중 무용을 위해 입는 옷은 굉장히 화려해요.

족자
궁중 정재에 사용되는 도구 중 하나예요.

금척
금척무를 출 때 사용되는 금빛 자예요. 조선 태조 임금이 왕이 되기 전에 신선이 꿈에 나타나 주었다는 자를 상징해요.

는 죽간자를 든 무인이에요. 상화는 숨죽여 그 광경을 지켜봤어요.

할아버지의 말대로 몽금척은 화려하고 아름다운 춤이 분명했어요. 상화는 몽금척이 태조 임금님 이야기라는 걸 듣고 더 관심을 가졌어요. 태조 임금님이 왕이 되기 전에 꿈에 신령님이 나타났대요. 그러고는 번쩍번쩍한 금척을 내리며 이렇게 말했다고 해요.

"그대는 문무를 겸비하고 인덕이 높아 훌륭한 임금이 되리라. 이 금척으로 백성들을 다스리는 임금이 되시오."

이후 태조 임금님은 신령님의 예언대로 훌륭한 임금님이 되었고, 몽금척은 임금님의 훌륭함과 덕을 노래하는 춤으로 자리 잡았어요.

임금님과 수많은 신하들도 무인들의 춤사위에 넋을 빼앗긴 것 같았어요. 무인들이 열을 지어 움직이다가 금척을 받드는 장면이 되자, 신하들은 약속이라도 한 듯이 임금님에게 경배를 했어요.

"만세에 성군으로 남으실 전하를 위해 잔을 듭시다!"

연희는 점점 무르익어 갔어요. 따뜻한 햇볕이 내리쬐는 궁궐 마당의 아름다운 가을빛도 이 순간을 축하하는 것만 같았어요. 할아버지도 어느새 상화의 곁에 다가왔어요.

"일생에 다시없을 아름다운 몽금척이니, 참으로 길조로다."

상화는 문득 저만치 보이는 어린 임금님에게 눈길을 돌렸어요. 신기하게도 상화 또래인 어린 임금님은 항상 차분하고 진지해 보였어요. 오늘도 임금님은 깊은 생각에 잠긴 얼굴이에요. 무인들의 몸짓에

임금의 권위를 드높이는 몽금척

신령과 금척이 등장하는 몽금척은 진짜 일어난 일이 아니라, 태조 임금 시절에 정도전이라는 유명한 학자가 지어서 바친 글의 내용이에요. 임금의 권위를 칭송해서 왕권을 강화하기 위한 글이었지요.

눈을 반짝이기도 하고, 옆자리의 신하들에게 무언가를 묻고 답하기도 하면서…….

상화는 궁금해져서 할아버지에게 물었어요.

"임금님께서도 저처럼 춤을 좋아하시는 것 같아요."

"그렇단다. 앞으로는 정사를 돌보시는 일에 더 신경 쓰셔야 하겠지만, 궁중 춤은 임금님의 덕과 위세를 널리 알리는 중요한 도구니라. 시대가 바뀌면 춤을 사랑하는 우리 임금님의 업적이 길이 남을 거야."

몽금척의 화려한 무대가 끝나자 무인들도 다시 제자리로 돌아가기 시작했어요. 할아버지는 상화의 어깨에 손을 올리고 다정하게 말했어요.

"궁중의 춤꾼들은 평생 임금님을 위해 춤을 춘단다. 모두 춤을 추느라 고생했을 테니 어서 가서 돌봐 주자꾸나."

상화도 고개를 끄덕이고는 할아버지의 뒤를 따랐어요. 상화는 발걸음을 떼다가 뒤를 돌아보았어요. 어린 임금님은 여전히 생각에 잠겨 있었지요.

상화는 누구한테도 말하지 않았지만 그런 임금님이 가엾기도 했어요. 그렇게 좋아하는 춤을 출 수 없으니, 대장간에 갇혀 있던 몇 달 전의 상화와 무엇이 다를까요.

'하지만 임금님은 임금님이니까. 나와는 다른 분이시잖아?'

상화는 조금 풀이 죽어 발걸음을 돌렸어요.

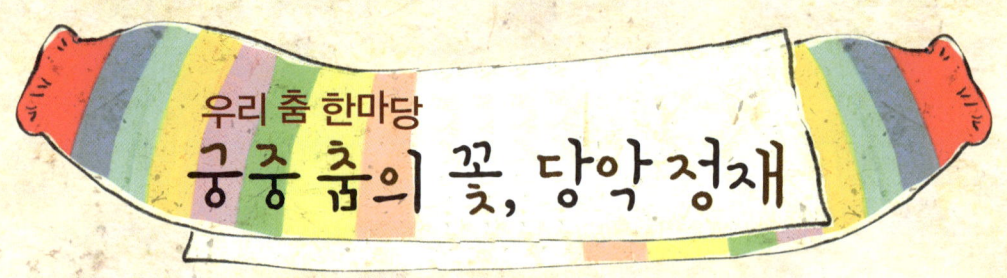

우리 춤 한마당
궁중 춤의 꽃, 당악 정재

궁중에서 발전한 당악 정재는 왕의 공덕을 기리는 내용으로, 선이 아름답고 우아한 춤이에요.
궁중 춤의 꽃인 당악 정재에는 어떤 것이 있을까요?

포구락

송나라에서 전래한 당악 정재 중의 하나예요. 고려 문종 때 들어와서 조선 시대에 가장 많이 공연된 춤이지요. 포구문을 가운데 놓고, 양편으로 나뉘어 노래하고 춤추며 차례로 공을 던지는 놀이인 포구락을 춤으로 형상화한 거예요.

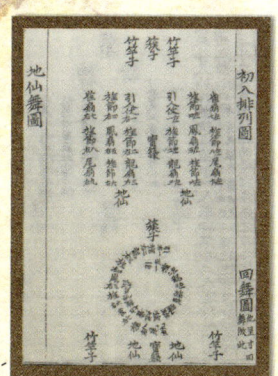
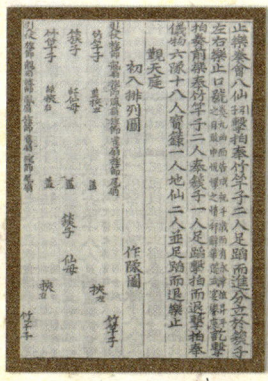

수보록(회무도)

몽금척과 마찬가지로 정도전이 태조에게 지어 바친 시를 바탕으로 만든 정재예요. 태조가 왕위에 오르기 전에 어떤 이가 지리산 돌벽에서 장차 태조가 임금이 되리라는 글이 적힌 신기한 책을 얻어서 태조에게 바쳤다는 내용이에요.

근천정(작대도)

태종 때 하륜이 지은 근천정 악장을 곡으로 써서 춤으로 만든 정재예요. 태종이 직접 중국 조정에 들어가 조선 왕조의 창건을 설명해 중국의 오해를 풀었다는 내용이에요.

> 향악 정재

흐르는 강물처럼,
자유로운 시처럼

며칠 전부터 할아버지는 늦은 밤마다 마당에서 홀로 춤을 연습하고 있어요. 상화는 꾸벅꾸벅 졸면서도 할아버지 곁을 지키곤 했죠.

그런데 할아버지가 오늘은 글씨가 적힌 비단 천을 앞에 두고 절을 하고 있는 게 아니겠어요.

"할아버지, 뭐 하시는 거예요?"

"임금님께서 직접 지으신 시란다. 이걸 토대로 춤을 만드는 거지."

잠시 후 할아버지는 글귀의 뜻을 잘 풀어 설명해 주었어요. 백성을 자식과 같이 생각하는 것이 성군의 마음가짐이라는 내용이었어요.

"임금님께서는 앞으로 시를 지어 춤으로 만드실 생각이란다. 지금은 중국에서 들어온 춤이 많으니, 좀 더 우리 식의 춤을 만들어 보고 싶으신 게지."

할아버지는 종이 위에 그림을 그려 가며 동작들을 하나하나 섬세하게 짜고 있었어요. 상화도 요즘 궁중 무인들이 할아버지 춤을 두고 하는 이야기를 들었어요.

"역시 운영 어르신의 춤은 아름다워. 게다가 이전 춤은 좀 딱딱했다면, 요즘 추시는 춤은 참으로 부드럽고 내용도 쉽구먼."

향악 정재는 당악 정재보다 춤사위가 많고 움직임도 다양해요. 게다가 임금님의 시구를 춤으로 만들어 낸다니, 할아버지처럼 오래 춤을 춘 사람이 아니면 쉽지 않은 일이겠지요.

"그래, 내일 준비는 잘하고 있느냐?"

지필묵을 내려놓은 할아버지가 물었어요. 상화는 자신 있다는 듯 작은 주먹을 가슴 앞으로 들어 올렸어요.

"이번에 정말로 멋진 무동을 보시게 될 거예요!"

할아버지도 상화가 대견한 얼굴이에요. 섣달그믐 전날에 공연되는 학연화대처용무합설 무대에서 상화가 봉화 무동 역할을 맡게 되었거든요.

"그런데 할아버지, 떨려서 잠이 안 와요, 아휴."

"마음 놓고 푹 자거라. 내가 긴긴밤을 지켜 주마."

그 말을 듣고 나서야 안심이 된 상화는 곧 이부자리에 누웠어요.

학무
학의 모양을 본뜬 것으로 장수를 기원해요.

🌸 **향악 정재의 종합 연희, 학연화대처용무합설**
궁중에서 섣달그믐 하루 전에 행했던 잡귀 쫓는 의식인 나례 뒤에 펼쳐진 대형 궁중 무용이에요. 학무와 연화대무, 처용무를 공연하지요. 《악학궤범》 4권에 의하면 세 가지 춤을 한자리에서 선보여서 '합설'이라는 제목이 붙었다고 해요.

연화대무
다산과 부귀를 상징하는 춤이에요.

처용무
나쁜 일을 몰고 오는 귀신을 물리치기 위해 추는 춤이에요.

그런데 잠을 자려고 눈을 감자, 그리운 얼굴들이 떠올랐어요.

'아버지, 어머니가 내 모습을 보시면 얼마나 좋아하실까? 종희 고 계집애도 엄청나게 신나할 텐데.'

어느덧 상화는 스르르 잠이 들었어요. 얼마나 시간이 흘렀을까요? "꼬끼오!" 하고 새벽닭이 울자마자 연희 준비가 시작됐어요. 상화도 오늘은 하루가 어떻게 흘러갔는지 모를 정도로 바쁘게 뛰어다녔어요. 그렇게 저녁 어스름이 찾아들었을 때야 다들 연희 준비를 마쳤어요.

궁궐의 나인들이 달빛 휘영청한 궁궐 마당에 횃불을 올리자, 은은하고 따뜻한 불빛 아래 아름다운 무대가 마련되었어요.

그동안 무인들은 추위에 손발이 얼까 둥근 화로 근처에 모여 있었어요. 몸이 뻣뻣하면 제대로 기량을 발휘할 수 없거든요. 시간이 흐르고 드디어 커다란 징이 울리자 다들 긴장한 얼굴이 되었어요. 학연화대처용무합설의 시작을 알리는 징 소리였지요!

가장 먼저 무대로 나간 이들은 학 두 마리로 분장한 춤꾼들이에요. 동발(놋쇠로 만든 심벌즈 모양의 악기)을 든 악사가 푸른색의 청학과 흰색의 백학을 인도했지요.

할아버지는 오늘 청학과 백학 중에 백학의 모습으로 무대 위에 섰어요. 두 학이 어우러지며 아름다운 자태를 뽐냈지요. 하지만 상화는 똑같은 두 마리의 학인데도 백학의 움직임이 더 우아하고 아름답다는 걸 느낄 수 있었어요. 같은 몸짓인데도 조금씩 다르

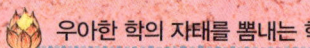
우아한 학의 자태를 뽐내는 학무

학무는 두 명의 무동이 연꽃 속에 숨어 있다가 학 두 마리가 연꽃을 쪼면 꽃잎이 열리며 두 명의 무동이 뛰어나오는 형태로 시작돼요. 그러고 나서 학이 놀라 달아나면 무동들이 춤을 추기 시작하지요.

게 느껴지는 것, 그게 바로 연륜과 실력이 아닐까요?

상화는 너무 떨려서 온몸이 쪼그라드는 기분이었어요. 그걸 본 오방 처용 무인들이 상화를 둘러싸고 위로해 주었어요.

"너무 겁먹지 말거라. 평소에 하던 대로만 하면 모두가 네 춤을 좋아할 게야."

"암, 너는 역대 궁중 최고의 봉화 무동이다!"

오방 처용은 다섯 방위의 처용이라는 뜻으로 각각 파란색과 붉은색, 황색, 검은색, 백색의 다섯 색깔 옷을 갖춰 입고 무대에 나서요. 붉은색 처용은 남쪽에서, 파란색 처용은 동쪽에서, 검은색 처용은 북쪽에서, 흰색 처용은 서쪽에서, 황색 처용은 중앙에서 춤을 추게 되지요.

그런데 하필이면 처용무는 궁중 무용 중에서 유일하게 가면을 쓰고 추는 춤이에요. 게다가 그 가면이 어찌나 무섭던지, 상화 가슴을 더 콩닥거리게 했어요.

상화는 사실 이번 춤에서 큰 역할을 맡은 건 아니에요. 본래 상화는 연화대무의 연꽃 무동이 하고 싶었어요. 하지만 연꽃 무동이 되려면 춤을 아주 잘 춰야 하기 때문에 아직 경험이 없는 상화에게는 무리였지요. 그래서 상화는 봉화를 들고 달려 나가 춤을 추는 봉화 무동 역을 맡았어요.

하지만 괜찮아요. 할아버지가 언젠가 이렇게 말씀하셨거든요.

"여러 명이 추는 춤에서 모두가 주인공일 수는 없단다. 꼭 주인공이 아니라도 최선을 다할 줄 알아야 진정한 춤꾼이란다."

곧이어 신호가 떨어지자, 처용 무인들이 힘차게 연희 판으로 뛰어 나갔어요. 그때 손수건이 반대편 무대 쪽에서 펄럭댔어요. 상화도 따라 나가라는 신호예요. 상화는 불타는 봉화를 들고 반짝거리는 비단 허리띠를 휘날리며 무대 위로 나갔어요.

일렁이는 횃불들 사이에서 처용 가면은 무시무시하면서도 위엄이 있었어요. 처용들의 춤이 화려해질수록 상화의 춤사위도 커졌어요.

상화는 비록 키도 작고 몸도 작았지만, 봉화 불빛에 환해진 얼굴이 눈에 띠었어요. 그 표정이 얼마나 신이 나고 즐겁던지 보는 사람들도 절로 즐거워졌어요.

상화의 마음이 어린 임금님에게도 가닿은 것일까요? 처용무를 구경하던 임금님이 옆에 있는 신하에게 물었어요.

"저 봉화 든 어린 무인은 운영이 데려온 아이가 아닌가?"

신하가 꾸벅 허리를 굽히며 답했어요.

"그러하옵니다. 재주가 좋고 성실하다고 하옵니다."

어린 임금님은 한참이나 상화의 춤사위를 살펴보았어요. 임금님의 눈에 껑충껑충 신나게 춤추는 상화는 참으로 빛나 보였어요. 임금님은 마음껏 춤을 출 수 있는 상화가 부럽기도 했지요. 임금님은 눈을 빛내며 말했어요.

"내 며칠 내로 운영과 저 아이를 따로 부르겠노라."

신하가 고개를 숙여 답했어요.

"말씀을 받들어 미리 언질을 해 두겠사옵니다."

한편 상화는 신기하기만 했어요. 춤을 추기 전에는 누가 나를 어떻게 볼까, 멋지게 출 수 있을까 걱정했는데, 막상 춤을 추기 시작하니 모든 걱정이 거짓말처럼 사라지는 게 아니겠어요?

밝은 달빛 아래 취한 것처럼 흥이 난 상화는 할아버지와 임금님이 자신을 지켜보고 있다는 것도 잊은 채 높이 뛰어올랐지요. 상화는 행

처용 설화로 만들어진 처용무

신라 시대에 처용이라는 선비가 늦은 밤 집에 들어갔다가 아내가 다른 남자와 있는 것을 보았어요. 하지만 처용은 화를 내는 대신 춤을 추고는 물러 나왔어요. 그런데 아내와 있던 그 남자는 병을 몰고 다니는 역신이었어요. 처용의 대범함에 감동한 역신은 처용이 있는 곳에는 절대 병을 뿌리지 않겠다고 약속했어요.

복했고, 가슴 깊은 곳에서 힘이 솟는 것을 느꼈어요.

'더 높이 날아오를 거야! 나는 진짜 춤꾼이 될 거야!'

그렇게 상화의 첫 무대가 달빛 아래 펼쳐진 뒤, 상화는 곧 궁궐에서 유명 인사가 되었어요.

"임금님께서 저 아이를 칭찬하셨다며?"

"역시 운영 어르신은 사람 보는 눈이 있으시구먼."

그런데 오늘 아침, 드디어 할아버지가 상화를 깨워 재촉했어요.

"어서 옷을 차려입거라. 임금님께서 부르신다."

상화는 예쁘게 단장하고 할아버지와 함께 임금님 심부름을 온 나인을 따라나섰어요.

햇살이 쏟아지는 궁궐은 어찌나 큰지 가도 가도 끝이 없는 것 같았어요. 게다가 임금님이 계시는 거처는 얼마나 더 웅장하던지요.

복도를 한참 걸어 장지문이 두 겹으로 닫힌 곳에 다다르자, 나인들이 공손히 두 겹의 문을 차례로 열어 주었어요. 문이 열리는 순간, 저만치에 햇살처럼 환한 임금님의 얼굴이 보였어요.

상화는 놀라서 개구리처럼 납작 엎드렸어요. 그 모습에 임금님도 웃음을 터뜨렸지요.

"춤을 보고 큰 인물이 되리라 생각했건만, 지금 보니 네 심장은 작은 것 같구나."

상화는 부끄러웠지만 가까이에서 임금님을 봤다는 기쁨이 더 컸어요. 나중에 집에 돌아가면 아버지, 어머니에게 이 순간을 꼭 이야기하겠다고 마음먹었지요. 목을 빼고 상화를 기다릴 종희한테도요.

임금님은 운영 할아버지에게도 물었어요.

"운영. 내 시로 만들어 보겠다는 춤은 잘 완성되었습니까? 궁금해서 그대를 불렀소. 빨리 보고 싶군요."

할아버지는 기다렸다는 듯이 허리를 숙이고 답했어요.

"무례가 아니라면 지금 보여 드려도 되겠습니까?"

그 말에 임금님은 환하게 웃었어요.

"그렇게 해 준다면 더 좋지요. 여봐라, 지금 궁중의 악인들을 데려오너라."

할아버지는 옷을 갈아입기 위해 잠시 물러났고, 그 와중에 임금님은 상화에게 비단 방석 하나를 내려 주었어요.

"너도 편히 앉아 스승의 춤을 보고 배우도록 하라. 그리고 하나 묻겠노라. 너는 어디서 그렇게 춤을 추는 법을 배웠느냐?"

상화의 답을 기다리는 임금님의 눈에는 궁금한 기색이 가득했어요. 상화는 뭐라고 답해야 할지 아리송하기만 했어요. 사실 제대로 춤을 배운 지는 얼마 되지 않았거든요. 상화는 솔직히 대답하기로 했어요.

"전하, 제가 보기에 궁궐 바깥의 우리 백성들은 모두가 춤꾼인 것 같아요. 어디서나 춤을 즐기고, 배우지 않아도 흥겹게 추는 법을 알거든요."

상화의 유쾌한 대답에 임금님도 잠시 생각에 잠겼어요.

"그래, 그 말이 맞을지도 모르겠구나. 나는 아직 바깥세상의 춤을 보지 못했다만, 기회가 된다면 꼭 즐겨 보고 싶구나."

잠시 후 장단을 맞출 장구와 대금, 가야금이 대령되었어요. 할아버지도 옷을 갈아입고 나왔지요.

병풍 뒤에서 나타난 할아버지의 모습에 모두가 놀랐어요. 할아버지는 노란 바탕에 붉고 푸른 무늬의 화려한 옷을 입고, 손에는 오색의 한삼을 끼었어요. 또한 바닥에는 꽃무늬가 새겨진 꽃돗자리를 깔았지요. 누군가 외쳤어요.

"저건 여자 옷이 아닌가!"

할아버지가 임금님께 다시 한번 절을 한 뒤 자리에서 다소곳이 일어나 말했어요.

"곱기도 하구나. 달 아래 걸어가는 그 모습. 비단 옷소매는 춤을 추듯

봄날 꾀꼬리의 날갯짓, 춘앵전

춘앵전은 효명 세자의 자작시로 만든 대표적인 정재로, 효명 세자가 어머니인 순원왕후의 40세 생일을 경축하기 위해 만든 거예요. 이 춤은 봄날의 꾀꼬리를 상징하는 노란색의 앵삼을 입고, 화관을 쓰고, 오색 한삼을 양손에 끼고 추지요. 화문석이라고 불리는 꽃돗자리 위에서 무용수 한 명이 춤을 추며, 춤사위가 아주 우아하고 다양해요.

바람에 날리는구나……. 전하께서 내리신 이 시구를 봄바람을 즐기는 꾀꼬리를 형상한 것으로 해석해 춘앵전이라 이름 지었습니다."

춤이 시작되자 모두가 숨죽이고 할아버지를 지켜보았어요. 신기하게도 이번 춤은 돗자리 위에서만 움직이는 춤이에요. 수줍은 듯 가볍고, 느리면서도 부드러운 춤사위였지요. 그야말로 꾀꼬리처럼 아름다운 여인이 봄바람을 노래하는 것만 같았어요. 할아버지를 바라보던 모든 사람이 금방 춤에 빠져들었어요.

그때였어요. 갑자기 방석 위에 앉아 있던 신하들이 "어이쿠!" 하며 벌러덩 뒤로 넘어졌어요. 어떤 이는 손을 들어 눈을 가렸지요.

춤을 추던 할아버지가 갑자기 치아를 드러내고 씨익 미소를 지어 보인 거예요.

"허허, 무례하도다. 전하 앞에서 저런 망측한 표정을 짓다니!"

하지만 임금님은 달랐어요. 할아버지의 미소에 맞장구치듯 임금님의 입가에도 미소가 떠올랐지요.

"가히 대단한 춤꾼이요. 여인만이 출 수 있는 춤에, 가장 여인다운 미소를 짓지 않았소. 그렇지 않습니까?"

신하들도 어쩔 수 없이 "흠흠, 맞습니다."라고 대답할 수밖에요. 춤이 끝나고 나서도 임금님은 흡족한 얼굴이었어요.

"춤이란 본디 그 바탕이 자유롭고 풍부해야 하지요. 운영, 바깥세상을 다녀온 뒤 그대의 춤이 더 아름다워졌소. 과연 저 바깥세상 춤에는 우리가 모르는 무엇이 있었습니까?"

모두가 대답을 기다리는 눈치였어요. 비록 망측한 구석이 있다 해도 춤 자체는 너무나 아름답고 인상적이었거든요.

임금님의 질문에 대해 골똘히 생각하던 할아버지의 눈길이 문득 상화에게 머물렀어요. 할아버지와 눈이 마주친 상화도 주먹을 꼭 쥐었어요. 그간 여행을 하며 만났던 기생 유화와 박수무당, 시끌벅적한 탈춤꾼들, 조화롭게 어울리던 농악대 등 수많은 춤꾼들의 얼굴이 떠올랐지요. 상화는 할아버지가 본 그대로를 말해 주었으면 했어요.

"그것은 전하……."

할아버지는 입가에 미소를 띠고 말했어요.

"궁중에는 없고 바깥세상에 있었던 것은 외람되오나 신명과 간절한 축원이옵니다. 우리 백성들의 춤에는 비록 고단한 삶이지만 그것을 즐기는 신명, 그리고 가족과 나라의 평안을 바라는 축원이 깃들어 있었습니다."

임금님은 그 말에 얼굴이 밝아졌어요. 기분이 좋은 듯 크게 웃고 눈을 빛내며 주변의 신하들을 둘러보았지요.

"맞습니다. 우리 백성들의 신명과 축원이야말로 이 나라를 떠받치는 기둥일 것이오. 우리 궁중에서도 그것을 배워야 하지 않겠습니까? 그리고……."

임금님은 상화에게 눈길을 돌렸어요.

"바로 우리 백성의 진심 어린 춤을 잘 보여 주는 한 사람이 이 자리에 있지 않소?"

상화는 임금님의 말에 기뻐서 얼굴이 빨개졌어요.

"모두 이 봉화 무동을 기억해야 할 것이오. 나는 저 무동에게서 기쁨으로 하루를 살고, 진심으로 가족과 나라의 평안을 기원하는 우리 백성의 모습을 읽었소. 또한 의복의 화려함이나 형식의 아름다움보다 흐르는 물결 같고, 자유로운 시 같은 저 무동의 신명과 진심이야 말로 사람을 설득하는 힘이 있다고 느꼈소."

임금님은 상화를 향해 다정한 눈빛을 보냈어요.

"그간 수고가 참 많았다. 오늘 내가 너를 부른 것은 너의 소원 하나를 들어주기 위해서다. 혹시 내가 들어줄 수 있는 소원이 있다면 말해 보거라."

상화는 이 순간 금 천 냥을 달라고 해도 임금님이 들어주실 거라는 걸 알았어요. 하지만 상화는 고개를 저었어요.

"임금님, 저는 한 가지 소원밖에 없어요."

"한 가지 소원?"

"네⋯⋯. 저는 계속 춤을 추고 싶어요. 전하를 위해, 할아버지를 위해, 춤을 사랑하는 모두를 위해 훌륭한 춤꾼이 되고 싶어요. 하지만 그럴 수 없어요."

그 말에 모두들 의아한 표정을 지었어요. 상화는 풀이 죽어 말했어요.

"제 아버지는 대장장이예요. 저도 어른이 되면 대장장이가 되어야 하고요. 임금님, 제가 춤꾼이 될 수 있도록 아버지께 어명을 내려 주세요. 제가 춤꾼이 되어야 한다는 어명이요!"

그 말에 신하들은 또 한 번 벌러덩 넘어갔어요. 어명은 아주 귀한 명령이라 작은 일에는 사용하지 않거든요. 하지만 상화에게는 아버지와의 약속도, 춤꾼이 되고 싶은 마음도 세상에서 가장 중요한 일이에요. 임금님도 이해한다는 듯 고개를 끄덕였지요.

"내 너의 마음을 알겠다. 나도 일전에 어마마마께 다시는 춤에 관여하지 않고 나랏일만 돌보겠다는 약속을 드렸지. 하지만 그 약속을 완벽히 지킬 수 없었다. 나는 춤과 노래, 예술의 귀함을 사랑하기 때문이지."

그 말에 할아버지도 신하들도 조용해졌어요. 모두 임금님이 아주 어릴 때부터 얼마나 춤을 사랑했는지 알고 있기 때문이에요.

"내가 너를 위해 편지를 한 통 써서 어명을 내리겠다. 또한 자식을 다른 길로 떠나보내야 하는 네 부모의 안타까움을 위해 네 부모에게도 커다란 상을 내리리라."

하지만 임금님의 얼굴은 다시 엄격하고 단호해졌어요.

"하지만 대장장이의 피를 이어받은 너도 한 가지는 알아야 한다. 무슨 일이건 최고의 경지에 오르려면 쇠를 갈고닦는 대장장이의 담금질처럼 피나는 노력이 필요하단다. 이제부터 춤에 열중하여 훌륭한 춤꾼으로 성장하라."

그 말이 끝나자 이 약속이 이루어지리라는 증표처럼 임금님 곁에 있던 신하들이 "어명이요!" 하고 외쳤어요.

순간 상화는 참고 있던 눈물이 왈칵 쏟아졌어요. 상화의 마음을 누구보다도 이해하는 임금님의 눈가에도 눈물이 맺혔어요. 할아버지는 저만치서 미소를 지으며 수염을 쓰다듬었지요.

"그만 울거라, 녀석아. 임금님이 보고 계시지 않느냐."

옆에 있던 장구재비가 속삭이며 얼른 손수건을 건네주었지요. 상화는 푸우웅 코를 풀었어요. 속 시원한 소리에 이번에는 모두가 소리 내어 웃었어요.

"자, 저 아이와 나를 위해 위로의 풍악을 울려 달라!"

임금님의 명령에 다시 장구 소리, 북소리가 들리기 시작했어요. 그 어느 때보다도 신나고 즐거운 풍악 소리가 임금의 처소 장지문 바깥으로 흘러나왔어요.

"오늘은 임금님께서 기분이 좋으신가 봐."

"흐음……, 오늘도 아름다운 춤 한 자락 만드시겠네."

바깥에서 시중들며 오가던 나인들도 빙그레 미소를 지었어요.

우리 춤 한마당
자유로운 향악 정재

향악 정재는 당악 정재에 비해 자연스럽고 자유로운 궁중 무용이에요.
정재의 또 한 기둥인 향악 정재를 자세히 살펴보아요.

선유락
신라 시대의 뱃놀이에서 유래된 향악 정재로, 곱게 단장한 배 옆에 여자 무희들이 패를 나누어 서서 배를 모는 모습을 표현한 춤이에요. 정재로서는 가장 거대한 규모이고, 지역에서 활발히 공연되다가 정조 때 궁중에서도 공연되기 시작했어요.

박접무

박접이란 '나비가 날갯짓한다.'는 뜻으로, 박접무는 순조 때 처음으로 공연되었어요. 이 춤에는 나비가 날갯짓을 시작하는 음력 2월 15일에 봄기운을 느끼며 나비 놀이를 하는 우리 민족의 세시 풍속이 담겨 있어요. 옷 군데군데에는 꽃과 나비를 수놓아서 봄빛을 찾아 날아다니는 호랑나비의 형상을 담았어요.

보상무

두 패로 나뉜 무희들이 둥근 모양의 보상반에 색칠한 공을 던지는데, 이 공을 보상반에 잘 넣으면 상으로 꽃을 주고, 넣지 못하면 벌로 얼굴에 먹을 찍는 놀이를 춤으로 만든 거예요. 당악 정재인 포구락에서 비롯된 춤이랍니다.

무산향

임금의 사랑을 받는 여인의 기쁨을 표현한 춤으로 효명 세자가 창사를 지었어요. 이전의 정재들과는 달리 혼자 추는 독무예요. 침상 모양의 커다란 무대 위에서 온갖 장식이 달린 모자를 쓰고 춤을 춘답니다.

한눈에 펼쳐 보는 전통문화 **우리 춤**

당악 정재

궁중에서 발전한 당악 정재는 왕의 공덕을 기리는 내용으로 선이 아름답고 우아한 춤이에요.

향악 정재

향악 정재는 당악 정재에 비해 자연스럽고 자유로운 궁중 무용이에요.

무당춤

무당춤은 신에게 제물을 바치고, 노래와 춤으로 제를 올리는 굿판을 벌일 때 무당이 추는 춤이에요.

농악무

농악무는 부부들이 수고를 덜어 주고, 흥겨움을 더해 주는 춤이에요.

한눈에 펼쳐 보는 전통문화 우리 춤

기방춤

조선 시대의 기방은 풍류의 중심 역할을 했어요. 기방의 기녀들은 노래와 춤은 물론, 그림과 문학에도 능한 예인들이었어요.

탈춤

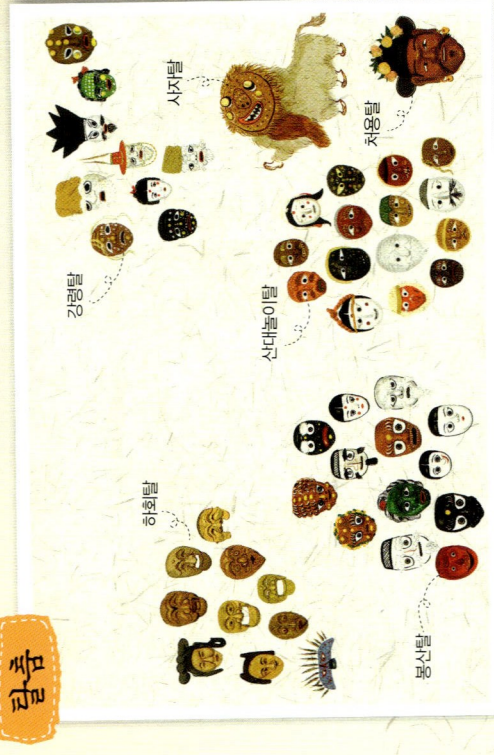

탈춤은 탈을 쓰고 춤추면서 공연하는 연극이에요. 각 지방의 탈춤마다 웃고, 울고, 화내고, 즐거워하는 다양한 얼굴의 탈들이 있어요.

남사당놀이

남사당패는 전국을 떠돌며 춤과 노래를 하고, 재주를 부리는 유랑 연예인 집단이에요. 보통 풍물, 버나, 살판, 어름, 덧뵈기, 덜미 순으로 공연을 해요.

동물을 흉내 내는 춤

동물 춤은 동물의 특정한 모습이나 행동을 모방하여 주는 춤이에요. 이 춤은 고대 원시인들이 동물 숭배 사상에서 시작되었다고 해요.